मुम्बई की बारबालाओं की
ज़िंदगी की सफेद-स्याह दास्तां

बॉम्बे बार

चिटके तो फटके

D1832878

मानसिकता बदलिए, दुनिया बदलेगी...

मानसिकता बदलिए, दुनिया बदलेगी...

बॉम्बे बार

चिटके तो फटके

विवेक अग्रवाल

फंडा
unda
राधाकृष्ण का उपक्रम

पुस्तक में सभी ब्योरों, तथ्यों और चित्रों का इस्तेमाल लेखक ने पूरी जिम्मेदारी से किया है। इनका अन्यत्र इस्तेमाल लेखक की अनुमति से ही सम्भव है। आप कोई विशेष जानकारी या सुझाव लेखक को भेजना चाहें तो अवश्य भेजें।

ISBN : 978-81-8361-876-2

मूल्य : ₹ 150

पहला संस्करण : 2018

राधाकृष्ण का उपक्रम

प्रकाशक
राधाकृष्ण प्रकाशन प्राइवेट लिमिटेड
जी-17, जगतपुरी, दिल्ली-110 051

शाखाएँ : अशोक राजपथ, साइंस कॉलेज के सामने, पटना-800 006
पहली मंजिल, दरबारी बिल्डिंग, महात्मा गांधी मार्ग, इलाहाबाद-211 001
36 ए, शेक्सपियर सरणी, कोलकाता-700 017

वेबसाइट : www.radhakrishnaprakashan.com
ई-मेल : info@radhakrishnaprakashan.com

मुद्रक : यश प्रिंटोग्राफिक्स
नोएडा-201301 (उत्तर प्रदेश)

BOMBAY BAR
Profiles by Vivek Agrawal

उन देहजीवाओं को कोटि-कोटि नमन—
जिनका हम सबके बीच होना, हर स्त्री की लाज बचाता रहा...
जिनका समाज में न होना, हर सती का सतीत्व खत्म कर देता...

मानसिकता बदलिए, दुनिया बदलेगी...

अनुक्रम

मानसिकता बदलिए, दुनिया बदलेगी...

'अंदर की दुनिया' से बाहर

उस दिन दुनिया-भर के विषयों पर सत्यानन्द निरुपम जी से चर्चा चल रही थी। जो विषय वे बताते, मैं कहता कि इस पर काम जारी है—या करने का इरादा है। वे हँसते कि कोई ऐसा विषय बताएँ, जिस पर काम न चल रहा हो। अचानक उनके मुख से एक बात निकली। मुम्बई की बारबालाओं पर हिन्दी में खास कुछ नहीं लिखा गया है, हमारे लिए एक किताब उस पर जरूर लिखें।

लीजिए, यह भी कोई बात हुई। ये तो मेरी पसन्द का काम कह दिया। भिड़ जाएँगे तो कर देंगे।

नतीजतन *बॉम्बे बार : चिटके तो फटके* आपके हाथ में है। बातचीत के बाद अधिक समय इसलिए नहीं लगा क्योंकि ये बारबालाएँ पहुँच के बिल्कुल अन्दर थीं। एक तरन्नुम खान को छोड़ दें तो कुछ की दास्तां पहले से जानता था, बस सँवार कर लिखना ही था। सो काम शुरू कर दिया।

यह पुस्तक दरअसल दस्तावेज है। कुछ ने असली नाम दिए, कुछ ने पहचान छुपाने का आग्रह बनाए रखा। जिन्होंने शिनाख्त न छुपाई, वे कुछ खुल कर बोलीं। जिन्होंने छुपा ली, वे और भी बिन्दास बोलीं क्योंकि उन्हें यह डर न था कि मैं उनसे दगा करूँगा।

ये बारबालाएँ उन मोरनियों सरीखी हैं, जिन्हें अपने सजीले जिस्म और नृत्य पर बेइन्तहा नाज है। लेकिन जब वे अपने बदसूरत पाँवों यानी तबाह जिन्दगी की तरफ देखती हैं तब उनकी केका रुदन में तब्दील हो जाती है। वह बेबसी से भरा रुदन चहुँ ओर बिखरने लगता है।

मायानगरी मुम्बई में इन देहजीवाओं के पाँवों में घुँघरू कब, किसने और क्यों बाँधे, यह जानना जितना दिलचस्प हो सकता है, उतना ही तकलीफदेह भी। घुँघरू बाँध कर जिस्म की नुमाइश करते पुरुषों को उत्तेजित कर उनकी जेब तक पहुँचने का प्रयास होता है। लोग कहते हैं कि किसी महिला को एक मर्द के दिल तक पहुँचना होता है तो उसका रास्ता पेट से जाता है यानी शानदार भोजन महिला की

तरफ किसी मर्द को आकर्षित करने के लिए काफी है। मुम्बई के डांस बार में यह कहावत गलत साबित होती है। वहाँ तो स्त्रियाँ अपने खास अंगों के जरिए मर्दों की जेब तक ही पहुँचने की कोशिश करती पाई जाती हैं।

आज तक डांस बारों में पलती इन देहजीवाओं के ऐसे पहलू ही सामने आए हैं, जो बारबालाओं और होटल मालिकों के संगठनों ने अपने लाभ के लिए सामने आने दिए। कोई जानता है कि उनके उत्तेजक नाच का क्या मतलब है? कोई बता सकता है कि नितम्बों से वक्ष तक जो उभार हैं, उनके बेहया प्रदर्शन का क्या अर्थ है? उनकी मादक अदाओं और कँटीली चितवन के पीछे छुपा दर्द और मजबूरियों से अलहदा भी बहुत कुछ है, जो आज तक सामने नहीं आया है। इसका कारण है कि समाज और उसके ठेकेदार ये देखना-दिखाना ही नहीं चाहते हैं।

इन बारबालाओं के अनदेखे और अनसुने संसार के अन्दर हम पहुँच रहे हैं। तिल-तिल मरती इच्छाओं और पल-पल जीने की प्रबल आकांक्षा में उनका संघर्ष किसी भी नारी से बड़ा है। रुपहले और इन्द्रधनुषी वातावरण में हँसती-खिलखिलाती बारबालाओं के जीवन के श्याम पक्ष में झाँकने की कोशिश है—*बॉम्बे बार : चिटके तो फटके।*

बतौर पेशेवर पत्रकार मेरी मुम्बई आमद 1992 की है। तब से आज तक बारबालाओं और देहजीवाओं के जरिए हजारों समाचार जुटाए। उनके बीच पैठना आसान है, विश्वास जीतना बेहद मुश्किल। आप उन्हें धन—बाहुबल—सम्पर्कों का थोड़ा-सा चमत्कार दिखाएँ, वे आपके साथ हो लेंगी। लेकिन तब तक ही, जब तक फायदा है। उनका भरोसा हासिल करना बड़ा जटिल है।

इन बारबालाओं के जीवन के अँधियाले हिस्से को कुरेद-कुरेद कर सामने लाने की बरसों की कोशिश का ही नतीजा है—*बॉम्बे बार : चिटके तो फटके।*

डांस बारों को मैं बेहद करीब से जानता हूँ। दर्जनों डांस बारों में सैकड़ों बारबालाओं से न केवल मिलता रहा, उनके अन्तस में झाँकता रहा हूँ। इन बारबालाओं में ज्यादातर ऐसी हैं, जो कई मिशनों में कन्धे से कन्धा मिला कर साथ काम कर चुकी हैं। बतौर मुखबिर, बतौर जासूस, बतौर सहयोगी, वे साथ देती रही हैं।

बारबालाओं के जीवन की कुछ कठोर व मर्मभेदी सच्चाइयाँ हैं, जो कोई नहीं जानता। ये बारबालाएँ क्या करती हैं? कितने दिन इस रुपहले संसार में अँधियाला जीवन जीती हैं? वे कहाँ गुम हो जाती हैं? कैसा इनसान उनके अन्दर बसता है? इन बारबालाओं को कैसा पति, पिता, दोस्त, परिवार मिलता है? ऐसी हर जानकारी इस किताब में आईने की तरह साफ दिखती है।

बारबालाओं से उस दौर में मिलना, उनका करीबी होना, उन्हें करीब से जानना, सब कुछ बड़ा मुश्किल था। उनके संसार में रहकर भी दूरी बनाए रखना असम्भव था। इसके बावजूद घुँघुरुओं की रुदालियों के कुछ ऐसे किस्से मैंने जुटाए, जो

सबको चौंका देंगे।

मुश्किल तो था डांस बार में नाचने वाले किसी विख्यात किन्नर की कहानी जुटाना। निक्की जान को बहुत खोजा लेकिन वो नहीं मिली। सिमरन के बारे में पता किया तो यह मालूम हुआ कि उससे बात करने के लिए पहले ईमेल पर सवाल भेजने होंगे, वे पढ़ेंगे और तय करेंगे कि बात करनी है या नहीं। यह तो कमाल है। जिस संसार में वे रहते हैं, वहाँ अन्दर ही एक गैंगवार जारी है। वे चाहते हैं कि पत्रकार या लेखक उन पर कुछ भी गलत न लिखें।

सत्य का उद्घाटन ही लेखक-पत्रकार का धर्म है। यह मुझसे होना नहीं था। यह कोई और तय नहीं करेगा कि मैं क्या लिखूँ, क्या नहीं। जो भी मुझे लिखना होगा, वह मेरा दिल-दिमाग तय करेगा। किन्नरों के मठाधीशों की गादियों के नीचे कलम तो दबने देता नहीं। लिहाजा साथियों की मदद से सना शेख को खोज निकाला। उससे बड़ी अच्छी बातचीत हुई। सना से बातचीत के बाद कुछ और कहानियों की तलाश में किन्नरों के एक गुरु सलीम से मिलने की कोशिश की। उसने भी शर्त रखी कि पहले सारी जानकारी ईमेल करूँ। जब उसे पता चला कि सना से बात कर आया हूँ, तो उस बेचारी की बड़ी लानत-मलामत कर डाली। खैर, जो कुछ उसने कहा था, सब पेश कर दिया। पूरी ईमानदारी से उसने कहा, उतनी ही ईमानदारी से सब कुछ मैंने भी रख दिया।

मुम्बई के डांस बारों की बारबालाओं के हर रंग, हर रूप, हर खेल की पूरी पड़ताल आपके हाथों में है, जिसका नाम है—*बॉम्बे बार : चिटके तो फटके।*

सबका

—विवेक

मानसिकता बदलिए, दुनिया बदलेगी...

बॉम्बे बार

मुम्बई की बारबालाओं का जीवन क्या है, उनका रहन-सहन और तौर-तरीके क्या हैं, वे किस तरह जीती हैं, किस तरह ग्राहक पटाती हैं, किस तरह डांस बारों में बतौर साकी, गायिका अथवा नर्तकी काम करती हैं, यह सब राज ही है। उनकी जिन्दगी के हर कोने में झाँककर देखा तो महज कालिमा मिली, कोई कोना ऐसा न था जहाँ एक चमकती किरण दिखे। यह बात और है कि कुछ बारबालाएँ करोड़ों कमा रही हैं, वे हर दिन हजारों रुपए अपने शौक और ऐयाशियों पर खर्च करती हैं, सच तो यह है कि उनके पास खोने के लिए कुछ नहीं बचा है, पाने के लिए सारा आसमान है।

वह शोभा (नाम परिवर्तित) है। बिहार की निवासी इस 35 पार की बारबाला के परिवार को यही पता है कि उनकी बेटी मुम्बई के एक अस्पताल में नर्स है।

सच ही तो है, वह 'बीमार मानसिकता वाले मर्दों के अस्पताल' की 'नर्स' है। इन मरीजों से वह लच्छेदार बातें करती है, उन्हें गले लगाती है, चुम्बन देती है, अन्तरंग हिस्सों की मालिश करती है। उन्हें समाज में रहने लायक बनाती है। इस सेवा के एवज में वह 'कुछ कमाई' करती है।

शोभा और उसकी जैसी सैकड़ों बारबालाएँ या साकियाँ ऐसे बारों के अँधियाले कोने में किसी 'मरीज' के हाथों में अपने स्तन निकालकर धर देती हैं। इस सेवा के बदले पाँच सौ या हजार रुपए तक मिल जाते हैं। शोभा अब नाच नहीं सकती। वह बतौर साकी काम करती है। कोई पसन्द कर ले तो करीब के होटल में 'शॉर्ट ट्रिप' के लिए भी चली जाती है। कीमत होती है दो से तीन हजार रुपए। उसकी कमाई का एक हिस्सा भाई-बहनों की पढ़ाई पर खर्च होता है। कुछ वह माँ-बाप के लिए सँभाल कर रखती है। हो सकता है कि किसी दिन शादी-ब्याह में काम आए। वह परिवार को कभी मुम्बई नहीं लाती है। उसे पता है कि एक बार कोई यहाँ आया तो

भाँडा फूट जाएगा।

इन डांस बारों की हकीकत यही है। एक साकी हर शाम दो या तीन ग्राहक ही निपटा पाती है।

कोई ग्राहक अगर 'परम सुख' चाहे तो बेयरे जाकर मैनेजर को बताते हैं। वह 'सेवा' के लिए आ पहुँचता है। जो लड़की चाहिए, हाजिर कर देता है। कीमत देने के लिए ग्राहक बस तैयार हो। ग्राहक से मैनेजर रुपए वसूलता है। साकी को सेवाओं के बदले आधी रकम मिलती है। ग्राहक ने खुश होकर टिप दी तो पूरी साकी की जेब में जाती है।

कई साकियाँ तो ग्राहकों को अपने या खयाली ही सही, दो-तीन बच्चों के फोटो दिखाकर या किसी मजबूरी का रोना रोकर बेहतर टिप हासिल करने के पैंतरे भी आजमाती हैं। यह भी सच है कि जो साकी ऐसा करती हैं, उनके पास दुबारा जाने से ग्राहक कतराते हैं।

एक साकी के मुताबिक उसके परिवार को यही पता है कि वह 'रात पाली' में एक कारखाने में पैकिंग का काम करती है। उसका पति भी रात पाली में ही काम करता है। इस साकी के काम की असलियत परिवार को पता नहीं है। वह कहती है कि परिवार को यह पता चल गया तो मेरी जान नहीं बचेगी। तो 'यह काम' करने की मजबूरी क्या है? जितना पति कमाता है, पूरा नहीं पड़ता। वह पहले 'ऐसा काम' करने के लिए तैयार नहीं होती लेकिन डांस बार बन्द हुए तो 'ऐसे बार' में काम करना मजबूरी हो गई। पहले डांस बार में नाचती थी, अच्छी कमाई होती थी। तब किसी को जिस्म छूने भी नहीं देती थी।

डांस बार में नाचना, गाना और शराब परोसना, इन बारबालाओं का काम है। इसके एवज में उन्हें होती है कुछ आमदनी लेकिन साथ ही मिलती है पुरुषों की बरछे सी भेदती निगाहें, कुछ फिकरे, कुछ फब्तियाँ, धरपकड़, लिजलिजे स्पर्श, हमबिस्तर होने की पेशकश। ठुमके लगाती, छमछम करती बारबालाओं के जीवन के उस हिस्से को देखना दिलचस्प हो सकता है, जिसे हम जानते ही नहीं हैं। वे जब नाचती हैं, वे जब नहीं नाचती हैं, उनके साथ क्या-क्या होता है, आगे है सारा खुलासा।

परिवार अनजान

बारबालाओं के परिवारों को पता नहीं होता कि उनकी बेटी क्या करती है। वे घर से कहकर निकलती हैं कि कॉल सेंटर में नौकरी करने जा रही हैं। जिनके बच्चे उम्र में बड़े होते हैं, उनसे भी अपने काम को राज रखने की भरसक कोशिश करती हैं। वे किसी को पता नहीं चलने देतीं कि उनकी बेटी या बहन बारबाला है या गर्म

गोश्त की मंडी में परोसी जाने वाली रक्कासा। इसके ठीक उलट बेड़िया जैसे कुछ समुदाय देश में हैं, जो जान-बूझकर परिवार की लड़कियों को इस धन्धे में धकेलते हैं, उनकी ही कमाई पर जीते हैं।

परिवार

जिन बारबालाओं के परिवार हैं, उनका हाल यह है कि वे बाहर गैरों के हाथों छली जाती हैं, अन्दर घरवालों से। उनकी कमाई पर सारा परिवार मौज उड़ाता है। बेड़िया जैसे कई समुदाय हैं, जहाँ कुँवारी लड़कियाँ ही परिवार का पालन-पोषण करती हैं। लड़कियों का सारा पैसा उनके घरवाले रख लेते हैं। उनकी कमाई से अपने नाम पर सम्पत्तियाँ खरीदते हैं, वाहन-साधन लेते हैं, तिजोरियों में सोना-चाँदी भर लेते हैं। कोई बारबाला अगर विरोध करती है तो परिजन ही उन पर जुल्म ढाने लगते हैं। बहुत ही कम देखा है कि किसी बारबाला ने परिवार बनाया तो उसे सजाया भी हो। अमूमन उन पर कोई भरोसा नहीं करता और उनका परिवार कभी टिक नहीं पाता।

बाहरवाली भली

हर बारबाला पर मर्द ढेरों प्यार उँडेलते नजर आ जाएँगे लेकिन यह बाहर तक ही सीमित है। उन्हें घरवाली बनाना कोई नहीं चाहता। बाहरवाली के रूप में ही उनका उपभोग करना पसन्द है। वे साकी भली, पत्नी नहीं। इन बारबालाओं के लिए अपने परिवार पालने के लिए पैसे कमाने का जरिया ये औरतखोर ही होते हैं। लिहाजा बारबालाएँ भी उनकी हवस का इस्तेमाल करने से बाज नहीं आतीं।

अनामिका

हर बारबाला अपना ऐसा एक नाम रखती है, जिससे उसकी असली पहचान कभी सामने नहीं आती। कई बार यह भी देखा है कि किसी बारबाला ने जगह बदली, तो नाम भी बदल लिया। कई बारबालाएँ तो एक ही वक्त में चार-पाँच नाम तक रखती हैं ताकि हर ग्राहक से अलग-अलग पहचान के साथ मिल सकें। काम पर चढ़ते समय ही उन्हें सिखाया जाता है कि असली नाम कभी किसी को न बताएँ, यहाँ तक कि पुलिस को भी। न ही किसी को अपना असली पता-ठिकाना बताएँ। इस अलिखित नियम का सभी बारबालाएँ बखूबी पालन करती हैं। काफी सारी बारबालाएँ इस तरह मुँह ढँककर नाचती हैं कि उनकी पहचान हमेशा गोपनीय बनी रहती है। इस तरह हर बारबाला एक 'अनामिका' है।

पवित्र बंधन

बहुत-सी शादीशुदा महिलाएँ भी काम की तलाश में गाँवों से मुम्बई आती हैं। यहाँ उन्हें आसानी से डांस बारों में काम मिल जाता है। कम शिक्षित महिलाएँ मजबूरी में यह काम करती हैं। शादीशुदा बारबालाएँ पतियों के निकम्मे या शराबी-जुआरी होने के चलते भी काम करती हैं। कइयों को तो उनके पति भी इस काम पर लगा देते हैं। उनके 'पवित्र बन्धन' कब 'अपवित्र' हो जाते हैं, यह पूछना भी गुनाह है।

पढ़े फारसी...

अब बारबालाएँ न केवल खूब पढ़ी-लिखी हैं बल्कि अपना कमाया पैसा मौज-मस्ती में उड़ाने में भी गुरेज नहीं करतीं। बारबालाएँ अंग्रेजी भी सीख रही हैं ताकि अमीर ग्राहकों पर रौब गालिब कर सकें। इससे उनकी कीमत बढ़ जाती है। अंग्रेजी सीखने का एक उद्‌देश्य यह भी है कि विदेशी डांस बारों में काम करने अथवा यात्राओं के दौरान आसानी हो। अब बारबालाएँ न केवल अपनी कारें खरीदती हैं बल्कि अपने आशिकों से बतौर उपहार भी कार जैसी बड़ी चीजें स्वीकारती हैं। ये हैं 'पढ़े फारसी, बेचे तेल' मुहावरे की असली हकदार।

घर

बारबालाएँ अपने घर मुश्किल से ही बनाती हैं। आम तौर पर बारबालाएँ किराए के घरों में रहना पसन्द करती हैं। कभी कोई परेशानी आई नहीं कि घर बदला, समस्या खत्म। घर खरीदना उनके लिए इसलिए कठिन होता है क्योंकि वे या तो कम शिक्षित हैं या सरकारी कामकाज की समझ नहीं रखतीं। वे घर खरीद लेती हैं लेकिन कभी कोई समस्या आ पड़े या जरा-सा आर्थिक दबाव पड़ा तो औने-पौने दामों में साहूकारों और सूदखोरों को घर बेचकर पैसा जुटाती हैं। इस चक्कर में उन्हें भारी नुकसान होता है।

आपसी रिश्ते

बारबालाओं का आपस में बड़ा ही करीबी रिश्ता होता है। वे हमेशा एक-दूसरे से जुड़ी रहती हैं। उन्हें पता होता है कि कौन-सी लड़की किस बार में काम कर रही है। वे आपस में फोन पर जुड़ी रहती हैं। मिलती रहती हैं। किसका-किसके साथ लफड़ा चल रहा है? कौन-किसका आशिक है? कौन-किस पर कितनी रकम लुटा रहा है? कौन दुबई गई, कौन लन्दन? सब पता रखती हैं।

सफर

पहचान छिपाने के लिए बारबालाएँ बसों और ट्रेनों के अलावा रिक्शा और टैक्सियों में ही सफर करना अधिक पसन्द करती हैं। रिक्शा या टैक्सी भी वे अपने घर से कुछ दूरी पर ही लेती हैं ताकि उन तक कोई भी पहुँच न सके। पक्के रिक्शा या टैक्सी वाले किसी को कभी उनके घरों तक नहीं लाते हैं।

कुछ मिनी बसें या एसयूवी कारें बारबालाओं को घरों से लेने और छोड़ने के लिए रखी जाती हैं। ये कारें या बसें रात में भले ही बारबालाओं को उनके घरों के बाहर छोड़ दें, लेकिन सुबह एक तय ठिकाने से चलती हैं। वे बारबालाओं को उनके घरों के बाहर से नहीं उठाती हैं।

कई डांस बारमालिकों ने बारबालाओं को सुरक्षित लाने और घर छोड़ने के लिए छोटी-बड़ी बसों का भी इन्तजाम किया था। इनमें आने-जाने से बारबालाएँ न केवल सुरक्षित रहती थीं, उनकी पहचान भी किसी को पता नहीं चलती थी।

बारबालाएँ रिक्शे और टैक्सी से भी हर रोज आती-जाती थीं, जिनके कारण इनके मालिकों या चालकों को मोटी आमदनी होती थी। एक लड़की को डांस बार से घर तक छोड़ने के लिए रिक्शे वाले सौ से डेढ़ सौ रुपए लेते थे तो टैक्सी वाले तीन से चार सौ रुपए वसूलते थे।

काचा

बारबालाएँ हमेशा दो से चार ऐसे खास ग्राहक पालती हैं, जिनसे वे मोटी रकम उगाह सकती हैं। जब वे पैसे खर्च करना बन्द कर देते हैं तो उन्हें छोड़कर नए मुर्गे फँसा लेती हैं। जिन्हें वे पक्के तौर पर फँसाकर रखती हैं, उन्हें बेड़िया समुदाय में 'काचा' कहते हैं। किसी बाहरी लड़की को अगर बेड़िया समुदाय का कोई लड़का पटा कर ले आए और साथ रख ले या शादी कर ले तो उसे 'काची' कहते हैं। इस लड़की का काम बारबाला समेत पूरे घर की देखभाल करना होता है। वह न तो डांस बार में नाचने जा सकती है, न ही उसे कोई और काम करने की इजाजत दी जाती है।

चुभती सुइयाँ

डांस बारों और जिस्मफरोशी के सौदागरों और दलालों के बीच मासूम नाबालिग बच्चियों की खासी माँग है। 10 से 14 साल की उम्र में लड़कियों को यह पता नहीं होता कि सहवास और उसका आनन्द क्या होता है। यदि उनसे सहवास हो भी तो

वे आनन्द की अनुभूति नहीं कर सकती हैं। लेकिन इससे देह के सौदागरों को फर्क नहीं पड़ता है क्योंकि वासना के अंधों को नाबालिग लड़कियाँ बड़ी भाती हैं।

इस माँग की आपूर्ति के लिए देह के सौदागरों ने एक तरकीब निकाली है। लड़कियों के जिस्म मांसल बनाने के लिए कुछ खास 'हार्मोंस इंजेक्शन' दिए जाते हैं। इससे लड़कियों के जिस्म भर जाते हैं और वे उम्र में बड़ी दिखने लगती हैं।

कुछ समय पहले दिल्ली पुलिस ने राजस्थान के अलवर जिले में ऐसा गिरोह पकड़ा था, जो बच्चियों से जिस्मफरोशी करवाने के लिए उन्हें अगवा करता था। उन्हें अपने अड्डे पर रखकर हॉर्मोंस के इंजेक्शन लगाता था। अलवर में कुछ जनजातियाँ भी अपनी नाबालिग बेटियों को हॉर्मोंस के इंजेक्शन लगवाती हैं ताकि उन्हें धन्धे में उतार सकें। अगवा करके लाई बच्चियों को वक्त से पहले जवान बनाने की इस कसरत के बाद उन्हें मोटी रकम पर देह की मंडी में बेचा जाता है। इनके लिए एक से पाँच लाख तक की रकम मिल जाती है।

नैन-नक्श और रंगत के आधार पर लड़कियों की कीमत तय होती है। मासूम बच्चियों को हवस का खिलौना बनाने का गिरोह देश के छोटे-छोटे गाँवों से शुरू होता है और दुबई से लन्दन तक चलता है। समय से पहले जिस्म की मंडी में मासूम जिस्म को गदराया हुआ बनाने के लिए जो इंजेक्शन लगाए जाते हैं, वह ऑक्सीटोन कहलाता है। ऑक्सीटोन के इस्तेमाल से बच्चियों की जिन्दगी जहन्नुम बन जाती है।

डॉक्टरों का कहना है कि इसका अधिक इस्तेमाल बच्चियों के लिए जानलेवा भी हो सकता है। इसके प्रयोग से बच्चेदानी में कैंसर की सम्भावना भी होती है। डॉक्टरों के मुताबिक ऑक्सीटोन का इस्तेमाल गाय-भैंस का दूध बढ़ाने या मुर्गियों से अधिक मात्रा में अंडे हासिल करने के लिए होता है। कुछ लोग इनका इस्तेमाल लौकी जैसी कुछ सब्जियों का आकार बढ़ाने और समय से पहले तैयार करने के लिए भी करते हैं।

बाल रोग विशेषज्ञों के मुताबिक इस दवा से बच्चियों के स्तन और नितम्बों का विकास तेजी से होता है। उनकी माहवारी भी जल्दी चालू हो जाती है। तन से सयानी लेकिन मन से मासूम इन बच्चियों को पता ही नहीं होता है कि एक तरफ तो वे हर दिन हर पल एक मौत के लिए तैयार की जा रही हैं, वहीं दूसरी तरफ उनका शरीर बीमारियों का घर भी बनता जा रहा है।

कम उम्र की बच्ची के साथ पहला सहवास करने, जिसे नथ उतारना कहा जाता है, के लिए भी लगभग इतनी ही रकम कोठेवालियाँ वसूल करती हैं। इन लड़कियों को देह की तिजारत के लिए विदेश भी भेजा जाता है।

दिल्ली पुलिस ने जब बरामद लड़कियों से पूछताछ की तो पता चला कि उन्हें किसी न किसी दूरस्थ स्थान से अगवा किया था। उनकी गुमशुदगी रपट पालकों ने

दर्ज करवाई थीं लेकिन किसी ने उन्हें खोजने की जहमत नहीं उठाई। वे एक के बाद दूसरे हाथों में होती हुई इस गिरोह के कब्जे में आ गईं। उनमें से कुछ तो ऐसी भी थीं, जिन्हें बेहतर जिन्दगी या नौकरी देने के नाम पर फुसलाकर देह की मंडी तक दलालों ने पहुँचाया था। ये लड़कियाँ पश्चिम बंगाल, उड़ीसा, झारखंड, मध्यप्रदेश, राजस्थान, असम, मेघालय के अलावा नेपाल और बांग्लादेश तक से लाई जाती हैं।

इन जनजातियों में एक और तरीका अपनाया जाता है। उनकी टोलियाँ भीड़-भाड़ वाले इलाकों में घात लगाए घूमती हैं। जैसे ही उन्हें लापरवाही बरतता कोई परिवार दिखता है, वे उसकी बच्ची को गायब कर देती हैं। उसे अपने गाँव ले आते हैं। कुछ समय में यह छोटी-सी बच्ची उन्हें ही अपना परिवार और माता-पिता समझने लगती है। इस तरह अगवा बच्चियाँ बाद में गर्म गोश्त की मंडी में उतारी जाती हैं।

अपहृत या चोरी की बच्चियों में से ज्यादातर को उम्रदराज बारबालाओं द्वारा खरीदा जाता है। उन्हें अपनी बेटी या गोद लिया बताया जाता है। उन्हें बड़ा करके डांस बारों में उतारकर अपना बुढ़ापा सुधारा जाता है।

मुम्बई की बुढ़ा चुकी बारबालाएँ अपनी बेटियों को भी जल्द जवान दिखने के लिए ये इंजेक्शन देती हैं। यह ऐसा राज है, जिसे कोई बताना नहीं चाहता। अगर इस दिशा में जाँच हो तो यह साफ हो जाएगा कि कितनी ही ऐसी लड़कियाँ हैं, जिन्हें महज 12 या 15 साल की उम्र से इन इंजेक्शनों के जरिए 20 से 22 साल तक का बनाकर डांस बारों में पेश किया जाता है।

दमदमाती देह हासिल करने के ये इंजेक्शन असल में इन कमसिन लड़कियों के लिए हर पल दिल व जिस्म में चुभती सुइयाँ होती हैं।

ठिकाने

मुम्बई में बारबालाओं के मुख्य ठिकाने मीरा रोड, मालवणी, अँधेरी (प.) के ओशिवारा और लोखंडवाला कॉम्प्लेक्स, चार बँगला, सात बँगला, एसवीपी नगर—वरसोवा म्हाडा, पीला हाउस, फारस रोड और कमाठीपुरा हैं। लोखंडवाला कॉम्प्लेक्स में वे बारबालाएँ रहती हैं जो मोटी कमाई कर चुकी हैं। कइयों ने तो यहाँ फ्लैट भी खरीद लिए हैं।

एसवीपी नगर के बँगलों में जहाँ तरन्नुम खान जैसी बारबालाएँ रहती हैं, वहीं मध्यम आय वाली बारबालाएँ यहाँ किराए पर घर लेकर रहती हैं। मीरा रोड और मालवणी में मुस्लिम बारबालाओं की रिहाइश अधिक है।

कमाई

बारमालिक बारबालाओं को उन पर होने वाली न्यौछावर का एक तयशुदा हिस्सा देते हैं। यह रकम आम तौर पर 40 और 60 के हिसाब से बाँटी जाती है, यानी बारबाला को 40 फीसदी रकम मिलती है। कुछ अच्छे स्तर की बारबालाएँ यह हिसाब 50-50 का रखती हैं लेकिन भीड़ और नकदऊ खींचने वाली बारबालाएँ 60-40 का हिसाब भी बारमालिकों से तय करती हैं। ऐसे में एक बारबाला पर एक दिन में अगर एक लाख रुपए ग्राहक उड़ा जाते हैं तो उन्हें 60 हजार रुपए मिलते हैं।

नोटों के हार

बारबालाओं को उनके शैदाई नोटों की मालाएँ भी पहनाते हैं। ये मालाएँ 10, 50, 100, 500, 1000 के नोटों की बनी होती हैं। अब 1000 के बदले 2000 के नोटों की मालाएँ बनने लगी हैं। एक हजार से पचास हजार तक की कीमत की ये मालाएँ बारबालाओं को जब कोई पहनाता है तो वे बड़ी अदा से माला पहन कर मिनट-भर के लिए उस ग्राहक के पास आकर नाचती हैं। वे उसे शुक्रिया कहने भर के लिए ऐसा करती हैं। उसके बाद एक बेयरा आकर यह माला निकालकर ले जाता है। उतनी रकम नकद बारबाला के बक्से में डाली जाती है। बाद में उसका तयशुदा हिस्सा बारमालिक को मिलता है, बाकी रकम बारबाला की होती है। नोटों की ये मालाएँ बार-बार इस्तेमाल होती हैं।

निवेश

आज बारबालाएँ कुछ हद तक समझदार हो रही हैं। वे अलग-अलग जगहों पर अपनी अन्धी कमाई का निवेश भी करने लगी हैं। उन्हें पता है कि जब तक जवानी है, उनकी कीमत है। वे आज जितना कमा लेंगी, जितना बचा लेंगी, वही उनके बुढ़ापे में काम आएगा। कई लड़कियों ने दुकानें और दफ्तर की जगहें खरीद ली हैं और किराए पर उठा दी हैं, जिनसे किराये के रूप में हर महीने उन्हें मोटी रकम मिलती रहती है। कुछ ने बैंकों में अलग-अलग योजनाओं में रकम लगाई है। कुछ बारबालाएँ निवेश के लिए सीए का सहारा भी ले रही हैं।

बारबालाएँ कोशिश करती हैं कि अपने गाँव या शहर में भी सम्पत्तियाँ तैयार कर लें। वे बुढ़ापा सँवारने के चक्कर में खेती की जमीन गाँव में ख़रीदती हैं, शहरी होती हैं तो कॉलोनी बना सकने लायक जमीनें लेती हैं, दुकानें खरीदती हैं, बँगले खरीद लेती हैं। मुम्बई में हैं तो फ्लैट लेती हैं, दुकानें खरीदती हैं, लोनावाला,

खंडाला और आसपास के इलाकों में बँगले या जमीनें लेती हैं। कुछ ने तो शाहपुर और उसके आसपास सेकेंड होम में भी निवेश किया है। यही नहीं, दो से 10 एकड़ तक जमीन भी खरीदी हैं ताकि वक्त पर उन्हें बेचकर मोटा मुनाफा कमा सकें।

बारबालाएँ जेवरात खरीद कर ऐसे फ्लैटों में रखती हैं, जिनमें वे रहती नहीं हैं। कभी-कभार जिन फ्लैटों में जाती हैं, वहाँ ऐसी सम्पत्ति रखना सुरक्षित होता है। इसकी जानकारी वे किसी को नहीं होने देतीं। यहाँ तक कि बेहद करीबी लोगों को भी वे इन फ्लैट्स से दूर रखती हैं। सोने, हीरे और प्लेटिनम के जेवरात खरीदने का भी एक ही मकसद है, जरूरत के समय बेचकर मोटी रकम तुरन्त खड़ी कर लेना।

डिजाइनर कपड़े खरीदने में भी बारबालाएँ काफी खर्च करती हैं। आज की शिक्षित बारबालाएँ तो फैशन लेबल देखकर खरीदारी करने लगी हैं। मुम्बई के महँगे फैशन स्टोर्स में ही नहीं बल्कि खाड़ी देशों, सिंगापुर, हाँगकाँग, थाईलैंड से भी वे महँगे कपड़े, परफ्यूम, घड़ियाँ वगैरह खरीदती हैं।

कई बारबालाओं ने तो महँगे निजी क्लबों में 10 से 50 लाख रुपए तक की रकम जमा करके सदस्यता ले रखी है ताकि अपना सामाजिक रुतबा भी बढ़ा सकें। अपने मोटे बकरों को हलाल करने के लिए वे इन्हीं क्लबों में बुलाती हैं।

बन्दी से बेजार

करीब 44 साल पहले मुम्बई में डांस बार शुरू हुए। 1970 के आरम्भ में महाराष्ट्र के गाँवों से आईं जवान लड़कियों पर बारमालिकों की नजर पड़ी। इन लड़कियों को शराब परोसने के लिए बारमालिकों ने रखा। इसे 'वेटर सर्विस' नाम दिया। ये 'साइलेंट बार' थे। कुछ बारमालिकों ने आर्केस्ट्रा सर्विस शुरू की। फिल्मों में आइटम नम्बर आए तो बारमालिकों ने गायिकाओं के साथ ऐसी लड़कियाँ रखीं जो उत्तेजक कपड़ों में नाचती थीं। इसके बाद बारबालाओं की बाकायदा भर्ती होने लगी। ठुमकों पर हजारों करोड़ रुपयों के वारे-न्यारे होने लगे।

कुछ समय बाद ही डांस बार पर रोक के लिए महाराष्ट्र विधानसभा ने विधेयक पारित किया। इससे मुम्बई सहित पूरे महाराष्ट्र में होटलों और सार्वजनिक स्थानों पर डांस बारों पर प्रतिबन्ध लग गया। आरोप था कि डांस बार से महाराष्ट्र में काली कमाई का अवैध कारोबार विस्तार पाता रहा है।

बड़ा सवाल है कि डांस बार पर रोक से क्या करोड़ों की काली कमाई रुक पाई? मुम्बई के बारमालिकों का दावा है कि उनके कारोबार से करीब 1,500 करोड़ रुपए सालाना सरकार के खजाने में बतौर टैक्स जाते रहे हैं। इससे अन्दाजा लगा सकते हैं कि इस मादक नाच की असली कमाई क्या होगी और बारबालाएँ असल में कितना कमाती रही हैं।

छमछम बन्द—धन्धा बन्द

बारबालाओं के साथ न जाने कितने कारोबार और व्यवसाय जुड़े थे। डांस बारों में बारबालाओं की छमछम बन्द हुई तो मुम्बई की अर्थव्यवस्था पर ही चोट पहुँची। मुम्बई में बारबालाओं से जुड़े अन्य कारोबारों पर भारी असर हुआ। दर्जियों से ब्यूटी पार्लरों तक के कारोबार को खासा धक्का लगा। रिक्शे-टैक्सी चालकों को भारी नुकसान हुआ।

ठुमके के ठेके

बारबन्दी के बाद बहुतेरी बारबालाओं ने निजी तौर पर ठेके लेने शुरू कर दिए। वे येऊर, लोनावाला, महाबलेश्वर, पंचगनी, श्रीवर्धन, खंडाला जैसे इलाकों के बँगलों में होने वाली निजी दावतों में नाचने जाने लगीं। इन जगहों पर डांस पार्टियों का आयोजन कोई व्यक्ति करता है और दो से पाँच हजार रुपए के प्रवेश शुल्क पर 10 से 25 लोगों को बुलाता है।

कुछ लोग अपने दोस्तों के साथ बँगलों, फ्लैटों या होटल के कमरों में डांस पार्टी रखते हैं। वहाँ नाच-गाना होता है, खाना-पीना होता है फिर जिसे जरूरत है दूसरे कमरों के बिस्तरों का इस्तेमाल शरीर की गर्मी शान्त करने के लिए भी होता है।

डांस पार्टियों में आई बारबालाओं पर जितना पैसा उड़ता है, वह पूरा का पूरा उन्हीं का होता है। किसी ग्राहक के साथ हमबिस्तर होने के लिए मिली रकम पर भी पूरी तरह उसी का कब्जा होता है।

मुलाहिजा हो मुजरा

जो लोग पहले डांस बारों में नियमित रूप से जाते थे, अब वे निजी मुजरों का आयोजन करते हैं। एक सामान्य बारबाला भी एक निजी मुजरे के लिए 10 हजार रुपए तक लेती है। ग्राहक भी इसके लिए मोटा खर्च करते हैं क्योंकि अब उनके पास सप्ताह में दो या चार बार डांस बारों में जाने का मौका नहीं होता है।

ऐसे निजी मुजरे सप्ताहान्त में अमूमन होते हैं। जब बार बन्द हुए थे, तब इस तरह के एक मुजरे में आने के लिए तरन्नुम 40 से 50 हजार रुपए लेती थी। मुजरे के लिए बँगले 5 से 25 हजार रुपए प्रति दिन के हिसाब से मिलते हैं। आसपास के रिसॉर्ट भी बड़े आकार के कमरे किराए पर देते हैं लेकिन उनकी शर्त होती है कि शराब और खाना-पीना भी वहीं से लेना होगा। उससे भी मोटी कमाई होती है। इन

इलाकों के थानों को हफ्ता पहले ही चुका देते हैं ताकि पुलिस रात में छापामारी कर उनका मजा खराब न करे।

मड आईलैंड, पनवेल, शाहपुर, भिवंडी, वसई, विरार, मुम्बई-पुणे हाइवे, लोनावाला, खंडाला के बँगलों में भी ये निजी मुजरे खूब आयोजित होते हैं।

देश-भर में

बारबालाएँ देश के किस हिस्से में नहीं पहुँची हैं, यह पूछिए। वे बिहार और उत्तरप्रदेश के चुनावों में ठुमके लगा कर वोटरों को रिझाती मिली हैं। वे मध्यप्रदेश और राजस्थान समेत देश के कई हिस्सों में धार्मिक उत्सवों के दौरान मंचों पर छमछम करती दिखी हैं। वे लोनावाला में कस्टम अधिकारियों के निजी मुजरे में निर्वसन नाचती फिल्माई जा चुकी हैं। वे दिल्ली के होटलों से वेश्यावृत्ति के आरोपों में कई बार गिरफ्तार हो चुकी हैं।

महाराष्ट्र के हर हिस्से में उनकी पकड़ है। पंजाब से हरियाणा तक राजनीतिज्ञों से उनकी निस्बत के चर्चे होते रहे हैं। अब तो बंगलूर में भी उनकी खासी माँग है। वहाँ के डांस बारों को मुम्बई की बारबालाएँ ही गुलजार कर रही हैं।

विदेशों में देसी ठुमके

मुम्बई में बारबालाओं के ठुमकों पर प्रतिबन्ध जरूर लगा लेकिन बारबालाएँ आज भी लाखों कमा रही हैं। उनके कारण खुफिया एजेंसियों की नींद भी हराम हो रखी है। दुनिया के कम से कम एक दर्जन देशों में अब उनकी 'दुनिया' का विस्तार हो चुका है। दुबई से लन्दन तक इन देसी ठुमकों का निर्यात हो रहा है। अब बारबालाओं के घुँघरुओं की छमछम सिंगापुर हो या शारजाह—हर जगह पहुँच चुकी है।

इसी चक्कर में बारबालाओं के माफिया और आतंकवादियों के हाथों का खिलौना बनने से भी इनकार नहीं किया जा सकता है। इस बारे में कुछ गम्भीर आरोप भारतीय जनता पार्टी के एक नेता ने लगाए थे और बारबालाओं के विदेश जाने के मामले में खुफिया जाँच के लिए देश के सर्वोच्च पदों पर आसीन नेताओं को पत्र लिखे थे।

ये बारबालाएँ विदेशों में कितनी कमाई कर रही हैं और कैसा जीवन जी रही हैं, यह अपने आप में शोध का विषय है। इतना जरूर है कि विदेशों में जो लड़कियाँ जा रही हैं, वे मोटी कमाई कर रही हैं। बारबालाएँ देश-विदेश के स्टेज शो में भी नाचने के लिए जाती हैं। दुबई समेत तमाम खाड़ी देशों और अमरीका से ब्रिटेन तक बारबालाओं के स्टेज शो होते हैं, जिनसे उन्हें अच्छी कमाई होती है।

बांग्लादेशी बारबालाएँ

देसी मंडी में विदेशी बालाओं की खपत भी कुछ कम नहीं है। बांग्लादेशी लड़कियों से मुम्बई के डांस बार भर चुके हैं। खुद पश्चिम बंगाल का निवासी बताते हुए ये बांग्लादेशी बारबालाएँ बाजार बिगाड़ चुकी हैं। कहते हैं, पैसे कमाने के लिए बांग्लादेशी बारबालाएँ किसी भी हद तक गिर जाती हैं।

वे मुम्बई और आसपास के इलाकों में खासी तादाद में बस चुकी हैं। दलाल बांग्लादेश के ढाका, चटगाँव, खुलना और रंगपुर जिलों से लड़कियाँ लाते हैं। बांग्लादेश के जिन गाँवों में गरीबी अधिक है, वहाँ दलाल घात लगाते हैं। लड़कियों को बहला-फुसलाकर पहले कोलकाता लाते हैं वहाँ से मुम्बई। मुम्बई में ऐसी एक लड़की को 30 हजार से 1.50 लाख रुपए तक में बेचते हैं। बेनापुल, पुटखाली, दोलदिया घाट और बूमरा समेत सभी सीमावर्ती गाँवों से बारबालाओं की 'पुशिंग' होती है। कबूतरबाजी के धन्धे में पुशिंग का मतलब होता है पैसे लेकर नकली यात्रा दस्तावेजों या बिना कागजात के भी किसी को विदेश पहुँचाना।

लड़कियों को लाने के लिए दलालों ने बीएसएफ और स्थानीय पुलिस के अलावा बांग्लादेशी पुलिस व सीमारक्षकों को साध रखा है। दोनों देशों के कस्टम्स अधिकारियों में भी उनकी पैठ है। सबके मुँह मोतियों से भरे जाते हैं। एक पुशिंग के लिए सीमावर्ती गाँवों के दलाल 8 हजार रुपए और वापसी के 5 से 10 हजार रुपए लेते हैं।

अपराधों में

डांस बारों, बारबालाओं और अपराधों का करीबी रिश्ता बताया जाता है। आम राय है कि डांस बारों में अपराध और अपराधी पनपते हैं। डांस बार अपराध जगत की नर्सरी हैं। अपराध करने के गुर सबसे पहले यहीं सीखे और सिखाए जाते हैं।

बारबालाओं के रूपजाल में फँसे लोग इस तरह सम्मोहित हो जाते हैं कि उनके लिए खूनखराबा और लूटपाट तक करने लगते हैं। बारबालाएँ भी अपराधों में लिप्त हो जाती हैं। कई ग्राहक तो बारबालाओं की ठगी के बाद अपराध करने लगते हैं। इन अपराधी बारबालाओं की हरकतों से बचना बड़ा मुश्किल है। हत्या, ठगी, मारपीट, हत्या का प्रयास, लूटपाट, तेजाबी हमले, नशा तस्करी, हथियार तस्करी, नकली करंसी और नकली दस्तावेज बनाने-इस्तेमाल करने जैसे अपराध इन खूबसूरत बारबालाओं की वजह से होते हैं।

बारबालाएँ तन की तिजारत भी करती हैं तो इसलिए क्योंकि उन्हें अधिक कमाई करनी होती है। ठगी भी इसलिए करती हैं क्योंकि उन्हें पता है कि उनका

ठगा बन्दा न तो पुलिस के पास जाएगा, न ही परिवार, दोस्तों, रिश्तेदारों या समाज को बताएगा।

वे मुखबिरी भी करती हैं। अपने साथियों को विरोधी गिरोहों की सूचनाएँ देती हैं। पुलिस के लिए भी मुखबिरी करती हैं। अपराधियों का साथ भी देती हैं। इन कामों में उन्हें मोटी कमाई हो जाती है। अमीर ग्राहकों की जानकारी गिरोहों को देकर भी वे मोटा माल पीटती हैं।

बारबालाएँ मैटरबाज भी हैं। अपने सम्पर्कों के जरिए किसी का काम करवाने के बदले वे फीस वसूलती हैं।

माफिया कनेक्शन

गिरोहबाजों से भी बारबालाओं के सम्बन्धों पर काफी जानकारियाँ सामने आती रही हैं। अंडरवर्ल्ड भी बारबालाओं का इस्तेमाल करता रहा है। सैकड़ों बारबालाएँ उनके लिए सीधे काम करती रही हैं, या बतौर मुखबिर काम करती रही हैं। ऐसी दर्जनों बारबालाएँ हैं जो किसी गिरोह से जुड़ी हैं। बारबालाओं और अपराधों के गठबन्धन का टूटना कब सम्भव होगा, यह कोई नहीं कह सकता।

सस्ती जान

गिरोहबाज कई बार बारबालाओं का इस्तेमाल आपसी दुश्मनी का हिसाब चुकता करने के लिए भी करते हैं। वे उन्हें मुखबिर या चारे के तौर पर इस्तेमाल करते हैं और कई बार काम होने के बाद उनको भी खत्म कर देते हैं। ऐसा भी होता है कि मुखबिर या चारे के रूप में आई बारबाला का मुखौटा खुल जाता है और उन्हें शिकार खुद ही अपना शिकार बना लेता है।

अपने राज छुपाने के चक्कर में भी गिरोहबाज और अपराधी बारबालाओं को मौत के घाट उतार देते हैं। अपराधी उनके सामने शराब के नशे में कुछ गलत बोल जाते हैं, जिससे उनमें जान सांसत में पड़ने का भय समा जाता है। इस डर से छुटकारा पाने का एकमात्र तरीका यही होता है कि वे उस बारबाला से सदा के लिए छुटकारा पा लें।

शिकार बनती शिकारी

बारबालाओं की मादक माया से परे भयावह अँधियारा दिखेगा। वे भले ही औरत हैं लेकिन समाज उन पर बाजारू औरतों का ठप्पा ही लगाता है। उनकी देह या तो

भोग के लिए है—या एटीएम है, जिससे मनमाफिक पैसा निकाला जा सकता है। कभी उनका परिवार, कभी प्रेमी, कभी पति, कभी कोई सिरफिरा, कभी पुलिस, कभी समाजसेवी, उनसे ऐसा वहशियाना सलूक करते हैं कि शैतान भी शरमा जाएँ।

बारबालाएँ हर कदम पर हादसों का शिकार बनती हैं। वे प्रेमियों, पतियों, भाइयों, पिताओं के अत्याचारों की शिकार होती रहती हैं। न जाने कितनी बारबालाएँ ऐसी हैं, जिन्हें उनके ही प्रेमियों की गोलियों ने छलनी किया है, न जाने कितनी हैं जिनके जिस्म चाकुओं से गोद दिए गए हैं। ये ऐसी शिकारी हैं, जो गाहे-बगाहे खुद ही शिकार बन जाती हैं।

पुलिस छापे

पुलिसिया छापों में बारबालाओं पर खासे अत्याचार होते रहे हैं। 1998 में भाजपा नेता और उपमुख्यमंत्री-गृहमंत्री गोपीनाथ मुंडे ने एक रात में 19 डांस बारों पर छापामारी करवाई। सरकार ने एक्साइज फीस बढ़ा दी। बारमालिकों ने इसके खिलाफ अदालत में लम्बी लड़ाई लड़ी। इसके कारण बारबालाओं को भी काफी परेशानी हुई। तब थाने के पुलिस अधिकारी बार पर छापा मारते तो बारबालाओं और कर्मचारियों को गिरफ्तार करते थे, बारमालिकों को नहीं।

अब वक्त बदल गया है। यह बदलाव आया है तत्कालीन एसीपी वसन्त ढोबले के कारण। उन्होंने बारबालाओं को अपराधी की तरह गिरफ्तार करने के बदले डांस बारों से रिहाई दिखाकर बारमालिकों और उनके कर्मचारियों के खिलाफ पीटा कानून के तहत मामले दर्ज करने शुरू कर दिए।

तहखाना जिन्दगी

मुम्बई के डांस बारों पर छापों के दौरान पुलिस से बचने के लिए बारमालिकों ने तहखाने बनाए। इन रहस्यमयी तहखानों में बारबालाओं को कई बार तो चार से 10 घंटों तक बिना रोशनी, पानी और शौचालय के ही छुप कर समय बिताना पड़ता था।

डांस बारों में तहखाने पहले भी होते थे। बारमालिक कुछ खास लोगों को वहाँ पनाह देते थे। ये तहखाने अपराधियों और गिरोहबाजों को पुलिस से छुपाने के काम आते थे। सरकार ने डांस बार बन्दी की तो बारमालिकों ने तहखानों में लड़कियों को छुपा कर रखना शुरू कर दिया। चार ही बारबालाएँ रखने के नियम से पुलिस छापे के पहले तमाम बारबालाएँ तहखानों में छुपाई जाने लगीं। इन बारबालाओं की जिन्दगी तो वैसे ही तहखानों जैसी होती है, अब और भी दूभर हो चली, जब से तहखानों में उन्हें छुपाया जाने लगा है।

धरपकड़

जब भी बारबालाएँ पुलिस छापों में गिरफ्तार होती हैं, बारमालिक और दलाल पुलिस से सौदेबाजी करते हैं। कुछ बारबालाओं को सीधे छुड़ा ले जाते हैं, कुछ का चालान कटता है, उनकी जमानत भरी जाती है। किसी बारबाला को एक भी दिन हिरासत में न बिताना पड़े, यह व्यवस्था की जाती है।

बदकार बालाएँ

बारबालाओं का जीवन पूरी तरह अपराधरहित और साफ–सुथरा होता है, यह दावा कोई नहीं कर सकता। बारबालाएँ महज ठुमके लगाती हों या शराब ही परोसती हों, ऐसा नहीं है। इसके अलावा भी उनके बारे में बहुत कुछ जानकारी मिलती रही है। बारबालाएँ अपने ही ग्राहकों को किसी भी स्तर तक ठगने या छलने से बाज नहीं आती हैं। किसी को प्रेमजाल में फाँसकर पैसा कमाना उनके लिए गलत नहीं है।

पुलिस अधिकारी कहते हैं कि डांस बार हमेशा अपराधों के अड्डे रहे हैं। डांस बारों में अपराधी और गिरोहबाज शरण लेते हैं। वे बारबालाओं को अपराधी बनाते हैं। पुलिस अफसरान ऐसी दर्जनों बारबालाओं के उदाहरण देते हैं, जो अपराध में इसलिए उतरीं ताकि समाज में रुतबा पा सकें, बारमालिकों की गुंडागर्दी से बच सकें, अधिक कमाई कर सकें और किसी ताकतवर गिरोहबाज को प्रेमी बनाकर सुरक्षित जिन्दगी गुजार सकें। बारबालाएँ भी कम नहीं होती हैं। वे अपने फायदे के लिए लोगों का कत्ल तक करवा देती हैं।

सट्टा

बारबालाओं के क्रिकेट बुकियों और माफिया सम्बन्धों की बात नई नहीं है। बारबाला तरन्नुम खान उर्फ तनु का मामला कौन भूल सकता है। ऑस्ट्रेलिया–इंग्लैंड ऐशेज सीरीज के दौरान लन्दन में बसे भाई ने सट्टे और बुकियों की व्यवस्था में तरन्नुम की सहायता की थी। 70 लाख के बँगले 'तनिष्क' पर आयकर छापे में लाखों रुपए नकद, करोड़ों की सम्पत्ति के दस्तावेज और बैंक लॉकर मिले। कई बुकी गिरफ्तार हुए। बुकियों से सम्बन्धों के चलते एक और बारबाला पर पुलिस ने छापामारी की थी।

पुलिस मुखबिरी

बारबालाओं को कुछ पुलिस अधिकारी सही सूचना देने पर मोटी रकम बतौर ईनाम

देते हैं। कोई मगरमच्छ पुलिस के जाल में फँस गया तो बारबालाओं की चाँदी हो जाती है। यह देखा गया है कि कुछ खास डांस बारों की बारबालाओं को एक-दो अधिकारी महीने के हिसाब से धन देते हैं ताकि हर दिन सूचनाएँ आती रहें।

ठगिनियों से ठगी

अपने मोहक रूप और दिलफरेब अदाओं से किसी को भी ठग लेने में माहिर बारबालाएँ कई बार खुद ठगा जाती हैं। अहमदाबाद के एक कथित धर्मगुरु अशोक जडेजा ने बारबालाओं से करोड़ों ऐंठ लिए। उसने बारबालाओं की ऐसी हालत कर दी कि वे कुछ कहने-बोलने की स्थिति में नहीं। चोर पर मोर पड़ने वाली बात हो गई थी।

यह जून, 2009 की बात है। उन दिनों हर बारबाला और उनके परिवार वाले अहमदाबाद जा रहे थे। सूमो कारों में सवार बारबालाओं के झुंड हर दिन अहमदाबाद रवाना होते। बारबालाओं के पास जो बैग होते थे, उनमें लाखों की नकदी होती थी। यह रकम वे अशोक जडेजा के पास जमा करने जाती थीं। अशोक जडेजा को वे बतौर धर्मगुरु देखती थीं, उनके पास अपनी रकमें जमा करती थीं, कइयों के पैसे पहले दुगुने जो हो गए थे। सो उन्हें भी अपनी धनराशि दुगुनी करवानी थी।

जब अशोक जडेजा ने इन बारबालाओं की जमा रकम वापस देने में हीलहवाली शुरू की तो भाँडा फूटा। अहमदाबाद सीआईडी ने मामले की जाँच की तो पता चला कि अशोक जडेजा लोगों को बेवकूफ बना रहा था। महाठगिनी स्वरूप में माया आई और चली गई। मुम्बई की ठगिनियाँ खुद ठगी सी रह गईं, जब अशोक जडेजा की सच्चाई उन्हें पता चली।

जब सीआईडी अधिकारियों ने अशोक जडेजा को गिरफ्तार किया तब उसके पास से ऐसे दर्जनों वीडियो फुटेज भी मिले, जिनमें वह बारबालाओं के साथ नाच रहा था और उन पर करारे-करारे नोट बरसा रहा था।

अशोक जडेजा ने पुलिस अधिकारियों को पूछताछ में बताया था कि वह टाटा नैनो कार के कारखाने वाली जगह के आसपास कुछ जमीनें खरीदने का चक्कर चला रहा था। उसे पता था कि कुछ ही दिनों में जब नैनो कारखाना तैयार हो जाएगा, तब इस इलाके की जमीनें सोने के भाव बिकेंगी। उसने काफी मात्रा में वहाँ जमीनें खरीदी भी थीं। काफी सारा धन उसने सोने के जेवरात खरीदने में लगा दिया था।

एक मोटा अनुमान है कि महज मुम्बई की ही बारबालाओं के लगभग पाँच सौ करोड़ रुपए अशोक जडेजा के पास डूबे थे। किसी भी बारबाला को अशोक जडेजा के पास लगाया पैसा वापस नहीं मिल पाया। उनका कमाया सारा पैसा, उनके लालच की भेंट चढ़ गया।

फिर नाचूँगी

21 दिसम्बर, 2015 को गोरेगाँव के एक डांस बार पर पुलिस ने छापा मारा, वहाँ से 34 बारबालाएँ बरामद हुईं, जिनमें नाबालिग अफसाना (नाम परिवर्तित) भी शामिल थी। वह मीरा रोड की रहनेवाली थी। जुवेनाइल जस्टिस ऐक्ट की धारा 32 के तहत उसे पुलिस ने हिरासत में लेकर एक एनजीओ के हवाले कर दिया।

एनजीओ की निगरानी में दिन काटने अफसाना को भारी पड़ने लगे। वह न आजाद थी, न मनचाहा खा-पी सकती थी, न पसन्द के कपड़े पहन सकती थी। उसने किसी तरह एक खत चाइल्ड वेलफेयर कमिटी को लिख भेजा, जिसमें उसने फिर बतौर बारबाला काम करने की इच्छा जताई थी। सवाल यह भी उठा कि आखिर ऐसा कैसे हो गया कि यह खत वह बिना एनजीओ की जानकारी के बाहर भेजने में सफल रही? क्या इसमें कोई रहस्य है? क्या इसमें कोई मिलीभगत थी?

उसने दावा किया कि वह जब चिट्ठी लिख रही है, तब (10 फरवरी, 2016 को) वयस्क हो चुकी है यानी 18 साल पूरे कर चुकी है। यह बात आखिरकार उसे बताई किसने थी। क्या उसके दलालों और होटल मालिक ने यह व्यवस्था उस एनजीओ के साथ मिलकर की थी? क्या इस खेल में एनजीओ को कुछ रकम मिली थी?

अफसाना ने लिखा कि वह अपने पेशे में फिर लौटना चाहती है। उसने रिहाई की माँग की ताकि काम पर लौट सके। यहाँ तक कि खत में अफसाना ने बारबालाओं पर सुप्रीम कोर्ट के फैसले का जिक्र किया। उसने लिखा कि जब सुप्रीम कोर्ट ने आदेश दिया है कि सड़कों पर भीख माँगने से अच्छा है कि बार में डांस करें, तो इसमें गलत क्या है। उसे अब इसी कारण तुरन्त रिहा किया जाना चाहिए। मैं भी डांस करना चाहती हूँ। एनजीओ के साथ रहने और कामकाज का प्रशिक्षण लेने में उसे कोई रुचि न थी। अफसाना के मुताबिक उसने महज सातवीं कक्षा तक ही पढ़ाई की थी। उसने पश्चिमी डांस सीखा जरूर लेकिन काम करने लायक ही, जल्द ही उसने एक डांस बार में काम भी शुरू कर दिया था।

उसने दावा किया कि सहेलियों के कहने पर कुछ कमाई के चक्कर में वह बारबाला बनी। यहाँ से हो रही अनाप-शनाप कमाई से वह कीमती मोबाइल फोन, डिजाइनर कपड़े, चश्मे, बेल्ट, आभूषण वगैरह खरीदती थी। दोस्तों के साथ तफरीह के लिए भी जा चुकी है। बड़े होटलों में खूब मौज-मजे कर चुकी है। एनजीओ के साथ रहते हुए यह सब करना नामुमकिन था। वह आजाद जिन्दगी जीने की इच्छा रखती थी।

अफसाना का कहना था कि अगर वह लोगों के सामने डांस बार में नाचती है तो इसमें कुछ गलत नहीं है। यह भी ठीक वैसा ही काम है, जैसा कि मंच पर कोई और नाचता है।

अफसाना ने एनजीओ के पास रहते हुए ब्यूटिशियन का प्रशिक्षण लिया जरूर लेकिन उसका कहना था कि उससे इतनी आय नहीं हो सकती कि वह पहले की तरह जीवन बिता सके। उसने यह भी आरोप लगाया था कि सुधार गृह में उसे मानसिक रूप से प्रताड़ित किया जाता है।

अफसाना के वकील ने दावा किया कि वह वेश्यावृत्ति में नहीं थी। उसकी मेडिकल रपट में भी साफ तौर पर लिखा है कि उसका देह की तिजारत से कभी ताल्लुक नहीं रहा।

अफसाना की माँ ने उसकी जल्द रिहाई के लिए अर्जी दाखिल की थी। एनजीओ ने उसके घर का दौरा किया और यह रपट लगाई कि अफसाना को उसकी माँ को नहीं सौंपा जाना चाहिए क्योंकि वहाँ से वह फिर डांस बार में चली जाएगी। वहाँ का माहौल खराब है। अफसाना का पुनर्वास उसके घर पर होना सम्भव नहीं है।

फिल्मी बारबालाएँ

फिल्मों में डांस बारों का चित्रण होता रहा है। सवाल है कि फिल्मों के डांस बारों में नाचने वाली अदाकारा क्यों एक अभिनेत्री है, और डांस बार में नाचने वाली बारबाला क्यों कलाकार नहीं है?

चाँदनी बार फिल्म में बारबालाओं के जीवन की सच्चाई ठीक तरह उकेरी गई थी।

कुकु मोरे, अरुणा इरानी, बिन्दु जवेरी, हेलन, जयश्री टी., करीना कपूर, मल्लिका सहरावत, ईशा कोप्पीकर, राखी सावन्त, याना गुप्ता, मुमायत खान, गौहर खान, लीजा हैडन, बिपासा बसु, लारा दत्ता, प्रियंका चोपड़ा, चित्रांगदा सिंह, क्लाऊडिया सिएस्ला, कटरीना कैफ, जैकलिन फर्नांडिज, सनी लिओनी, समीरा रेड्डी, श्रद्धा कपूर, नरगिस फाखरी, सम्भावना सेठ, मदाना करीमी, नेहा धूपिया, डेजी शाह, तमन्ना, चार्मी कौर, लक्ष्मी राई, श्रद्धा दास, श्रेया शरण, सपना सापू, श्रद्धा शर्मा, निशा यादव और सीमा सिंह जैसी फिल्मों में नाचने वाली कलाकारों को लेकर बारबालाओं में खासा गुस्सा है। वे कहती हैं कि इन आइटम गर्ल्स में और उनमें क्या फर्क है? सभी एक समान हैं। हम भी नाचती हैं, वे भी नाचती हैं। ऐसे में आइटम गर्ल्स पर समाज में अश्लीलता फैलाने के आरोप क्यों नहीं लगाए जाते हैं?

केवल बारबालाओं पर ही उँगली उठती है, क्यों? यह भी एक यक्ष प्रश्न है।

अन्धी सुरंग

रेशमा को जब पहली बार देखा, वह असामान्य लगी थी। जी नहीं, वह पागल नहीं थी, वह सनकी भी नहीं थी। बस, वह दूसरी बारबालाओं जैसी नहीं थी। वह बड़ी जहीन और शरीफ थी। उसके चेहरे पर वह खास किस्म की छाप भी नहीं थी, जो चीख-चीख कर बताती है कि फलाँ लड़की बारबाला है। जब भी उसके सामने जाता, नजाकत से सलाम करती। नाचती और बल खाती लेकिन भद्दे इशारे कभी नहीं करती। यही नफासत और शराफत ही तो उसकी सबसे बड़ी पूँजी थी। जब बारबालाओं पर लिखने का मन हुआ तो सबसे पहले रेशमा से मिलने का मन हुआ। पहले से कुछ-कुछ जानता था, अब पता चला कि कुछ नहीं जानता था। रेशमा के मन में धधकता एक ज्वालामुखी था, जो उस दिन फूटा, जब पुराने वक्त और रिश्तों के अहसास की तपन महसूस हुई।

"आपने तलाशा कैसे मुझे ?" विस्फारित नेत्रों से देखते हुए भौंचक्की दरवाजे पर खड़ी रेशमा का यह रूप मैं पहली बार देख रहा था। मेरे चेहरे पर चस्पाँ मुस्कुराहट देखकर दरवाजे से दो कदम अन्दर सरकते हुए बोली, "ये घर आपके लायक तो नहीं है, लेकिन आपको अन्दर आने के लिए नहीं कहूँगी तो बेअदबी होगी।"

"आप न कहेंगी तो चला भी जाऊँगा। शिकायत कैसी, आप व्यस्त होंगी।" एक ढीठ पत्रकार का जुमला सुनकर रेशमा ने तिरछी निगाहों से देखा।

"जानती हूँ आपको अच्छी तरह। कोई नया रिश्ता नहीं है हमारा। आपसे तिरयानवे की बारिशों में पहली दफा मिली थी। चेंबूर वाले बार में। सब याद है मुझे। और यह भी पता है कि आप कितने लालची हैं।" रेशमा की आँखों में शरारत उभर आई।

"लालची तो हूँ।" मैंने बेहद गहरी...खूब गहरी साँस भरकर कहा।

"मैं बड़ा लालची हूँ। खबर के मामले में सबसे बड़ा लालची। किसी भी हद

तक जा सकता हूँ खबर हासिल करने के लिए। यही कहा था न आपने पहली मुलाकात में?'' गड़े मुर्दे उखाड़ने में बड़ी उस्ताद थी रेशमा।

''वैसा ही मैं आज भी हूँ।''

''शेर बूढ़ा हो जाए तो घास नहीं खाने लगता है जनाब।''

''शेर तो ठीक है, लेकिन बूढ़ा?''

''तौबा मेरी। वह तो कहावत कही मैंने।''

''दुरुस्त फरमाया आपने। बालों की रंगत तो यही कहती है ना?'' मैंने पूरी तरह सफेद हो चुके अपने बालों की तरफ इशारा किया।

''अनुभव की ये निशानियाँ लेकर तो आप नब्बे से घूम रहे हैं। इन पर भी कई नाजनीन उस दौर में भी बड़ी फिदा होती थीं। पूछा करती थीं आपके बारे में। खैर, छोड़िए वो सब बातें। क्या लेंगे? आपकी वही पुरानी हेनिकेन, या कुछ नया?''

''याद है आपको वह भी?''

''एक-दो ही तो आते थे हेनिकेन के शौकीन। ऊपर से आपके जैसा शरीफजादा। याद कैसे न रहेगा?''

''शरीफजादा! और मैं?''

''कोई शक है आपको?''

''मेरे वालिद साहब को ताउम्र रहा।''

''खुद के सीने पर हाथ रखकर कहें साहब, हम भी मान लेंगे।''

''बीयर घर में रखती हैं आप?''

''घर अगर साकियों और रक्कासाओं के हों तो सुरूर का सारा सामान हमेशा तैयार रहता है।''

''आप भी बदली नहीं। वही शोखियाँ, वही अन्दाज, वही अदाएँ, वही तेवर, वही बोली। यही इक बात है जो खींच लाई फिर आपके पास।''

''जरूर कोई बहुत ही खास काम होगा जो बीस साल बाद भी खोज लिया।''

''एक किताब लिख रहा हूँ मुम्बई के डांस बारों पर। आपकी जिन्दगी का वह हर पल जानना चाहता हूँ, जो आज तक राज ही है। कुछ पल चुराना चाहता हूँ आपके—नए भी, पुराने भी।''

''सच या झूठ?''

''सच। पूरा सच। ग्राहकों वाले इस नाम रेशमा के अलावा पूरा सच। चाहें तो वालिदैन और परिवार के नाम छुपा लें, हर्ज नहीं।''

''आपसे कोई परदा नहीं है। मेरी जिन्दगी भी आपकी ही दी हुई है। एक जिन्दगी अब्बू ने दी, दूसरी आपने बख्शी। आपसे तो कुछ छुपा ही नहीं है। हर राज जानते हैं। कम्पनी से आपने पीछा छुड़ाया, सेक्शन से निकाला, नहीं तो दो पाटों में पिस कर तबाह हो जाती। मेरी जिन्दगी भी काजल जैसी हो जाती।''

''मैंने कुछ नहीं किया था। आपने कम्पनी से दूर होना चाहा, मैंने सिर्फ साथ दिया।''

''इतना भी कौन करता है जनाब! आपने डीसीपी साहब से पैरवी की, बड़े भाई को समझाया, सबने आपका मान रखा। उसी की बदौलत मैं आज यहाँ हूँ, पूरी की पूरी, साबुत, वन पीस।''

''छोड़िए वो सब पुरानी बातें। हम उससे पहले की बात करेंगे। उस वक्त के बाद की बातें करेंगे। आज तक की।''

''ठीक है। बस, एक मिनट रुकिए।''

रेशमा यह कहकर परदे के पीछे गुम हो गई। भला-सा घर था। एक सुगढ़ गृहिणी का सजाया हुआ। सफेद रंग का थ्री पीस सोफा सेट। खूबसूरत लाल गुलाबों की शोखी से इतराता हुआ नीले काँच का सुन्दर सा गुलदान बीच की टेबल पर शान से विराजमान था। बैठक में 32 इंच का एलईडी टीवी, नीचे 6.1 सराउंड साउंड सिस्टम लगा था। भले से परदे थे। जिस सोफा पर बैठा था, उसके पास ही एक फाइल थी, जिस पर दुबई का राजचिन्ह छपा था।

खोजी पत्रकारिता की लत भी बड़ी कमीनी होती है। कुछ भी दिख जाए तो मन में हूक सी उठती है। अपने-आप हाथों ने फाइल उठा ली। मरता क्या न करता, बड़ी बेबसी का आलम था। फाइल के अन्दर पासपोर्ट थे। कुल जमा पाँच। सभी जवान—खूबसूरत लड़कियों के। कई-कई वीजा लगे थे सभी में। अमूमन दुबई के। सभी टूरिस्ट वीजा थे। पहले तीन महीने के लिए, फिर तीन महीने के लिए और बढ़ाए हुए। सभी लड़कियों की रंगीन तस्वीरें भी साथ थीं। दो करारनामे भी तैयार थे। पाँच खाली करारनामे भी रखे थे। बस नाम, पता, रकम भर कर दस्तखत करना बाकी था।

रेशमा के आने की आहट हुई। मैंने भी फाइल परे रखने की कोई कोशिश नहीं की। वह परदे के पीछे से प्रकट हुई तो हाथ में एक ट्रे थी, जिसमें बीयर और काँच के बड़े से प्याले में उबली हुई गाजर, फूलगोभी, मटर, प्याज जैसी सब्जियों के टुकड़े थे, जिन पर नमक-काली मिर्च बुरकी हुई थी।

औरत भले ही 'बाजारू' क्यों न हो, उसे सबकी पसन्द का खयाल ठीक वैसे ही रहता है, जैसे एक माँ, बहन, भाभी, चाची, मौसी या दादी को। उबली हुई सब्जियाँ देखीं, तो यही भाव उबल पड़े।

''तो यह काम शुरू कर दिया है?'' मैंने आँखों से फाइल की तरफ इशारा किया तो रेशमा ने बिना लागलपेट के हामी भर दी, ''कुछ तो करना ही था।''

''क्यों?''

''जब रंग-रूप था, तब बार बन्द हो गए। मैं भी दुबई, सिंगापुर, लन्दन जाने लगी। अच्छा कमाया। ये फ्लैट भी उसी कमाई से लिया। जब जवानी ढल गई तो

ये काम कर लिया। लीजिए।'' उसने बड़े करीने से एक बेल गिलास में बीयर ढाल कर सामने रख दी।

मैंने सवालिया निगाहों से उसे देखा तो बोली, ''मेरी तो तौबा हो चली। उसके दरबार में तौबा कर आई। तम्बाकू बन्द, शराब हराम। आप शुरू करें, मेरा सामान आता है।''

बात पूरी हुई न थी कि एक लड़की ट्रे में नींबू पानी का गिलास लिये सामने आ खड़ी हुई। देखते जान गया कि वह पासपोर्ट वाली लड़कियों में से एक है।

''अंजली (नाम परिवर्तित) कब जा रही है?''

उस लड़की के चेहरे पर बड़ी हैरानी उभरी। रेशमा ताड़ गई। ''तू हैरान मत हो। बड़े शातिर खिलाड़ी हैं ये जनाब अखबारों के। तेरा नाम-पता सब देख लिया है पासपोर्ट पर। आ, बैठ जा। इनसे कोई परदेदारी नहीं है।''

अंजली ने रेशमा के सामने नींबू पानी रखा और ट्रे लेकर वापस चली गई। रेशमा ने सफाई दी, ''डर गई बेचारी।''

''अभी तक अजनबियों से खौफजदा होती हैं तो काम कैसे करती हैं?''

''काम में बड़ी तेज है। मथुरा की है। घर-खानदान का पेशा यही है। इसकी माँ और मौसी मेरे साथ ही थीं। बड़ी बेटी अभी टूर पर है। रमजान के पहले लौटेगी। रमजान बाद ये जाएगी।''

''तो हम बात करें अपने मतलब की?''

''कहीं जाने की जल्दी है?''

''नहीं। आपकी बातें सुनने में वक्त लगेगा। चालीस-बयालीस साल चालीस-पैंतालीस मिनट में तो सुने-सुनाए नहीं जा सकते। वक्त तो लगेगा न?''

''मेरे वालिद साहब सरकारी नौकरी में थे। शहर कानपुर में। अम्मी उस जमाने की बीए-ऑनर्स थीं। दो भाई बड़े थे, एक बहन थीं। वो भी मुझसे बड़ी थीं। घर में सबसे छोटी मैं थी। अब्बू की सबसे लाडली, भाइयों की आँखों का नूर। इसी कारण कुछ बिगड़ी सी, कुछ जिद्दी सी भी थी। दिन मजे में बीत रहे थे। मेरी हर माँग, हर ख्वाहिश अब्बू पूरी करते थे। भाइयों और बहन को भी कुछ खास काम करवाना होता तो जरिया मैं ही बनती थी। अब्बू मुझे किसी बात के लिए इनकार नहीं करते थे।'' रेशमा अब तक हाथ में थामे गिलास की ठंडक ही बस हाथों से ही महसूस कर रही थी, वरना तो उसका दिल जल रहा होगा।

''उन दिनों एक लड़का मोटरसाइकिल से कॉलोनी के बड़े चक्कर लगाता था। गर्ल्स स्कूल के बाहर भी मुझे अक्सर दिखता था। ऊँचा, गोरा, अमिताभ बच्चन जैसे बाल, वही अदाएँ, वैसा ही अन्दाज।'' रेशमा के चेहरे पर कुछ ऐसे भाव आए मानो कुछ कसैला खा लिया था। ''वो मुझे...''

''नाम क्या था उसका? क्या हुआ था उसके साथ?'' मैंने बात बीच में ही काटी।

''सागर खान। यही नाम उसने बताया था। बहुत बाद में पता चला कि यह नाम तो फर्जी था। असली नाम अनवर शेख था। वहाँ देखते-देखते न जाने कब उसकी तरफ बन रहा खिंचाव मेरे मन में मुहब्बत बनकर उभरने लगा, पता ही न चला।'' रेशमा के चेहरे पर कोई विशेष भाव न देखकर अजीब न लगा। कहानी कुछ-कुछ समझ में आ रही थी।

''एक दिन स्कूल जाते समय उसने लाल गुलाब दिया। मेरा दिल धड़ककर रह गया। तो यह बात थी। आग दोनों तरफ बराबर थी। मैं किसी न किसी बहाने उससे मिलने लगी। छोटा-सा शहर था। बात कितने दिन छुपती। मेरी चन्द दिनों की मुहब्बत की दास्तां घर तक आ पहुँची। फिर तो कोहराम मच गया। घर की चहकने वाली बुलबुल अचानक ही कव्वा बन गई। गुस्से का गरम लावा मुझ पर फट पड़ा। नफरत की बारिश होने लगी। ऐसे में मेरी जिद और बढ़ चली।'' अब रेशमा के चेहरे पर पश्चात्ताप दिखने लगा था।

''मैं बगावत पर उतर आई। सागर से जब भी मिलना होता, वो बड़ी तसल्ली देता। हाथ थाम लेता तो लगता खुदा ने सहारा दे दिया। मैं उसके बिना छटपटाने लगी।'' रेशमा की आँखों में धीरे-धीरे खेद उतरने लगा था।

''एक दिन मैंने घर से अम्मी और बड़ी बहन के गहने और जितनी नकदी मौजूद थी, सब समेटी और सागर के साथ रात में चुपचाप गायब हो गई।''

''बीच का कुछ हिस्सा छूट गया है।''

''हाँ। छोड़ दिया था। सोचा, आपके सामने खुद की थोड़ी कम बेइज्जती करूँ।'' रेशमा ने गहरी साँस भरकर इस तरह छोड़ी मानो चोरी पकड़ी गई हो। ''कम-अज-कम छह बार मार खाई मैंने अपनी मुहब्बत की खातिर। माँ ने पीटा, भाइयों ने मारा। एक दफा जब अब्बू ने हाथ उठा दिया तो मैं टूट गई। उस घर में अब तक मेरे दुश्मन अम्मी, भाई, बहन ही थे। मुझे लगता था कि अब्बू मुझे जरूर समझेंगे। पर ऐसा न हुआ।''

आँखें कुछ नम-सी लगीं मुझे रेशमा की।

''अब्बू बहुत समझाते थे। वे कहते थे कि सागर एक नम्बर का शोहदा है। उसके खिलाफ पुलिस थानों में मामले दर्ज हैं। बेकार आवारा नौजवान है। दो बार जेल हो आया है। वो खानदानी लड़का होता तो एक बार सोच भी लेते कि उससे मेरा निकाह पढ़वा दें। ऊपर से बड़े भाई और बहनें अभी तक कुँआरे बैठे थे। मैं ठहरी इश्क में अन्धी-बहरी, न कुछ दिखता था, न सुनाई देता था। जानती थी कि हर बाप अपनी बेटी के आशिक की शान में कुछ ऐसे ही कसीदे पढ़ता है। वही मेरे अब्बू भी कर रहे थे।'' रेशमा की कहानी ज्यों-ज्यों आगे बढ़ रही थी, त्यों-त्यों उसके चेहरे पर अनदेखे भाव उभर रहे थे।

अफसोस-भरी गाढ़ी आवाज में उसका दर्द भी नुमायाँ हो चला, ''उस दिन मैं

घर से सबके साथ ही उर्स के लिए निकली थी। सागर ने मुझे देख लिया था। मैंने भी उसे भाँप लिया। उर्स की भीड़ में मौका देखकर मैं परिवार से कुछ पीछे रह गई। दो दुकानों के बीच की गली में छुपते हुए सागर तक जा पहुँची। वह मुझे लेकर जन्नत जूस सेंटर के फेमिली रूम में गया। मैंने उसे बताया कि बीते दिनों क्या हो गया था। उसका जवाब सुनकर मेरे जिस्म में सर्द लहर-सी दौड़ गई। जम-सी गई मैं।

''सागर ने कहा कि आज ही रात घर से भाग निकलते हैं। मैं ऐसा करना नहीं चाहती थी। जानती थी कि मेरे भागने से परिवार की बड़ी बदनामी होगी। बड़ी बहन का निकाह नहीं होगा। भाइयों के लिए भले घरों की दुल्हनें नहीं मिलेंगी। क्या करती लेकिन, दिल के हाथों मजबूर थी।'' रेशमा ने खाली गिलास में और बीयर भर दी।

''रात को मैं उसे घर की सड़क के आगे मिली। बुरका लाई थी। वह भी पहन लिया ताकि कोई पहचान न ले। सागर मोटरसाइकिल पर बैठा कर कानपुर के बाहरी हिस्से तक लाया। वहाँ से टैक्सी में आगरा ले गया। मैं सारी रात रोती रही। अगली सुबह हम बाम्बे की ट्रेन में सवार थे।'' रेशमा को अब सुध आई अपने नींबू पानी की, जिसकी बरफ पिघल चुकी थी। गिलास के बाहर जमी ओसनुमा बूँदें भी पानी की लकीरों में तब्दील होकर मेज पर उतरी जा रही थीं।

''पूरे सफर में सागर ने मेरा खूब खयाल रखा। कमाल का बन्दा था, कमाल के उसके दोस्त थे। दो जगह तो चिकन बिरयानी आई, एक जगह कुल्फी और समोसे। क्या पता था कुर्बानी के बकरे की तरह मुझे खिलाया-पिलाया जा रहा था।'' हाथ में लिए गिलास से बड़ा-सा एक घूँट लेकर उसने दिल की आग ठंडी करने की नाकाम कोशिश की।

ठंडक उसे मिली या नहीं, आवाज में उभर आई भर्राहट जरूर उसकी तरावट के पीछे छुप गई, ''मुम्बई आए तो जिस बहन के घर ले गया, वो मीरा रोड में थी। एक मौलवी को पकड़ लाया सागर और वहीं निकाह पढ़वा लिया। वह तो बाद में पता चला कि निकाह भी झूठा था, निकाहनामा फर्जी था, मौलवी बहुरुपिया था।

''कहने को तो वह मेरी सुहागरात थी परन्तु सागर ने मुझे छुआ तक नहीं। कहने लगा चन्द दिनों बाद घर लौटेंगे, अब्बू-अम्मी की रजामन्दी से निकाह करेंगे। फिर तुम मेरी—मैं तुम्हारा। वाह, क्या नेक खयालात थे। मैं सोचती रह गई कि इस हीरे को न मेरे अब्बू पहचान पाए, न मेरे भाई, न मेरी अम्मी परख पाईं।

''जिस हीरे की चमक से चकाचौंध हुई जा रही थी, एक दिन वह फूटा और उससे उड़ी किरचों ने मेरी रूह तक को छलनी कर दिया। सागर मुझे ग्रांट रोड के एक चकले पर 40 हजार में बेच गया। कोठेवाली बाई ने मेरी नथ उतराई के एक

लाख वसूले थे।'' रेशमा की आवाज में गहरी नफरत उभर आई, ''तो यह थी मेरी सुहागरात, जिसका सौदा उस कमजर्फ ने किया था।

''मैं कसक कर रह गई। समझ गई कि ऐसी अन्धी सुरंग में आ धँसी हूँ, जहाँ से वापसी सम्भव नहीं। जो बच्चे वालिदैन की नहीं सुनते हैं, उन्हें सजा तो खुदा खुद तजवीज करता है। मेरे साथ भी यही हुआ। मिन्नतें करना, हाथ जोड़ना, खुदा का वास्ता देना, सब कुछ बेकार गया। जुल्म बढ़ते रहे। हर दिन मेरी रूह कुचली जाती रही, मैं हर रोज एक मौत मरती रही।'' उसने सिर झुकाकर आँखों की किनोर पर उतर आई एक बूँद को हल्के से इस तरह पोंछा कि मैं न देख सकूँ। काश कि न देख पाता! एक औरत के मर्म से निकला पिघला हुआ गर्म लावा किसी को भी भेदने के लिए काफी होता है।

रेशमा ने टीस-भरी आवाज में बात आगे बढ़ाई, ''जिस्म का क्या था, धोया-पोंछा, नया हो जाता, लेकिन रूह का क्या करती? रिसते जख्मों के साथ कुछ दिन तो जी, फिर समझौता कर लिया।''

''रौशनी कब और कैसे नसीब हुई?'' मेरा सवाल सुनकर रेशमा बिल्कुल नहीं चौंकी।

''एक और आशिक आया मेरी जिन्दगी में। कोठे की मालकिन रूपा तमंग को मेरी कीमत अदा करके बाहर निकाल लाया। मुझे एक फ्लैट किराए पर लेकर दिया। मालवणी में रखा। अब बस इतना ही था कि हफ्ते-दो हफ्ते में जब वो आता, मेरा उतना ही वक्त खर्च होता था। बाकी समय खाली बैठी बोर होती। एक दिन खबर आई कि वो हादसे में हलाक हो गया है। अब मैं आजाद थी। बड़ी खुशी हुई। सोचा, कानपुर लौट जाऊँगी। पर कैसे? क्या मुँह लेकर? कदम और खयालात यहीं ठिठक गए।''

''और सफर शुरू हुआ डांस बार का?''

''नहीं। तुरन्त तो नहीं।''

''मतलब?''

''कुछ दिन तो मैंने आजादी का जश्न मनाया। रुपयों की कमी न थी। गुजारा चल ही रहा था। जैसे-जैसे जेब छीजने लगी, वैसे-वैसे कदम घर के बाहर आने लगे। तब तक कुछ लोगों से जान-पहचान हो चुकी थी। उनमें कोमल भी थी। उसने हनीफ भाई से मिलाया। डांस बारों का टॉप का एजेंट। बाम्बे की सबसे टॉप क्लास डांसरों का एजेंट। जिस बार में खड़ा हो जाए, उसके मालिक जवान जिस्म की दौलत से मालामाल हो जाते थे।

''हनीफ भाई ने मुझे कहा कि तू तो रूप की रानी है। लाखों में खेलेगी। उसका कहा मान लूँगी तो मेरे कदमों में मुम्बई के तमाम अमीर-उमराव पड़े दिखेंगे। दिल के घायलों को अस्पताल ले जाने के लिए मुझे एम्बुलेंस साथ रखनी

पड़ेगी।'' एक खोखली-सी हँसी उभरी। रेशमा की बातों से साफ था कि जो सच वह भोग चुकी थी, उसके बाद क्या सागर—क्या हनीफ।

''खैर, मेरी ट्रेनिंग शुरू हुई। रोजी और कोयल ने घर पर ही मुझे नाच सिखाया। मोटे आसामी की पहचान सिखाई। उन्हें रिझाना और बिना जिस्म सौंपे लाखों निकालने के गुर सिखाए। दो महीने बीतते न बीतते हनीफ भाई की हर अपेक्षा पर खरी उतरी।'' इस शख्स के बारे में बात करते हुए भी रेशमा के चेहरे पर कोई ऐसा भाव न आया जिससे यह समझने में मदद मिलती कि यह वक्त कैसा रहा होगा।

''क्या उम्र थी मेरी? तब उम्र कौन पूछता था। महज गोरी रंगत और उभार देखते थे। दिलकश अदाएँ देखते थे। मेरा पहला बार था—टोपाज। वहाँ एक वक्त में सौ-सौ लड़कियाँ होती थीं। उस भीड़ में अलग पहचान बना ली मैंने। एक रात 15 लाख रुपए की न्यौछावर लेकर हटी तो सारी लड़कियों के जिस्म से चिंगारियाँ फूटने लगीं। शेट्टी की आँखों का तारा बन गई। मेरा कमीशन उस दिन से पचास फीसदी हो गया। पहले तो रोजाना दो सौ रुपए अपने खर्च कर टैक्सी में जाती थी। उस दिन से बारमालिक ने मेरे लिए प्राइवेट टैक्सी कर दी। खर्चा शेट्टी का। किसी के साथ बाहर जाती तो अपनी रजामन्दी से, अपनी कीमत पर। ऐसे भी दिन थे मेरे जब एक रात के एक से दो लाख तक भी वसूले।'' रेशमा ने आँखें झुकाकर जब यह कहा तो लगा कि कानपुर की उस छोटी बेटी की शराफत आज भी किसी कोने में जिन्दा है।

''जब घर की याद आती, तनहाई में रो लेती। मेरे पास पैसों की कमी न थी। कमी थी तो उसी मुहब्बत की, जिसके लिए घर की पाक मुहब्बत ठुकरा आई थी। चमकते-दमकते कपड़ों में सजी-धजी मेरी जिन्दगी बस जिस्म की नुमाइश और देह की तिजारत का खेल बन चली।

''एक बार बहुत याद आई अब्बू की। वो साल होगा शायद अट्ठानवे का, या निन्यानवे हो, ठीक से याद नहीं। मुम्बई से लखनऊ गई फ्लाइट लेकर। साथ दो खबरी भी ले गई थी। कानपुर के एक शानदार होटल में रुकी। वहाँ से इनोवा कार में बुरका डालकर अपने घर की गली तक जा पहुँची। बहुत कुछ बदल-सा गया था। रूह काँप गई। पाँव जम से गए थे। दिल इतनी जोर-जोर से धड़क रहा था कि उसके शोर में बाहर की कोई आवाज तक सुनाई नहीं दे रही थी।

''कार जब घर के सामने पहुँची तो गले से चीख निकलते-निकलते बची। घर की हालत खस्ता थी। दीवारों का पलस्तर उखड़ रहा था। रंग ऐसा बेजान कि बरसों चूने का मुँह न देखा हो। छत पर कहीं घास, तो कहीं पौधे उग चले थे। बाहर का बगीचा सूख गया था। चन्द गुलाब की सूखी झाड़ियों के इर्द-गिर्द बेजान सी रूखी-सूखी घास जिन्दा रहने की जद्दोजहद में थी। या अल्लाह, क्या हुआ है यहाँ?'' वही बदहवासी झलक पड़ी रेशमा की आँखों में।

"रुक न सकी वहाँ। या अल्लाह, क्या कर दिया था मैंने! मेरी वजह से इतना सब हो जाएगा, सोचा न था। काँपती हुई वापस होटल के कमरे में लौटी। साथ गए बन्दों को फोन किया तो कहने लगे कि कुछ देर बाद लौटेंगे। जानकारी पूरी हासिल नहीं कर पाए हैं।"

खेद और अपराधबोध से सराबोर रेशमा की आवाज में थरथराहट साफ महसूस की मैंने, "वे लौटे तो मेरे जुर्म की सजा बनकर। उन्होंने जो कुछ बताया उसका लब्बोलुबाब यह था कि मेरी बेअदबी और रुखसती ने अब्बू को ऐसा दुख दिया कि चन्द दिनों बाद उन्होंने खुदकुशी कर ली। उनके गम में अम्मी गश खाकर गिरीं तो हफ्ते-भर में उनके करीब की कब्र में जा लेटीं। ये होती है असली मुहब्बत। और एक हमारी मुहब्बत थी।

"बहन-भाई पर बिरादरी के जुल्म ऐसे बढ़े कि एक रात चुपचाप घर से निकल गए। अब वे कहाँ हैं, किसी को नहीं पता। कोई जानता भी तो क्या होता? उनके सामने पड़ने की हिम्मत तो थी नहीं मुझमें।

"अब कानपुर में रुकना भी सम्भव न था। क्या करती? तुरन्त लखनऊ लौट आई। वहाँ से मुम्बई आ गई। इसके बाद अजमेर शरीफ गई। अपने गुनाह बख्शवाने के लिए न जाने क्या-क्या करती रही। न जाने किस-किस के दर पर माथा रगड़ा। तब से तीन रूहें भटक रही हैं। दो तो मेरे अब्बू-अम्मी की हैं। एक मेरी है—एक जिन्दा लाश की रूह।

"यूँ अगर गुनाहों की मुआफी होती तो सारी मसजिदें वीरान हो जातीं। यह बात मुझे भी अब समझ आई। मेरी जिन्दगी सोने-हीरों के पिंजरे में कैद उस बुलबुल की मानिन्द थी, जिसकी आह भी लोग गाना समझते थे। मेरी चीत्कारों पर भी चाँदी के सिक्के बरसते थे।

"ऐसे में तीसरा सागर मिला?" तंग माहौल बदलने और कहानी आगे बढ़ाने के लिहाज से मैंने कहा।

"हाँ। उन दिनों बुलबुल में थी। कम्पनी के एक बन्दे ने जो खेल रचाया, मैं फँस ही जाती। खुदा का शुक्र है, आपसे बातचीत थी। न जाने क्यों एक आप थे, जिसे कभी धोखेबाज नहीं समझा। आपने उस गाढ़े वक्त में मुझे इज्जत बख्शी। क्राइम वाले मेरे घर आ गए। मेरे जरिए कम्पनी वाले को उठा ले गए। तीन दिन बाद उसका काउंटर कर दिया। मुठभेड़ दिखा दी। मुझे लगा कि सब खत्म हो गया। अब पुलिस या तो जेल में सड़ा देगी, या कम्पनी मार देगी।

"इस हादसे के बाद मारवाड़ी और गुजराती कस्टमर के साथ ही काम करने लगी। जब तक बार चले, कदम चले, मेरी किस्मत चली। बार क्या बन्द हुए, किस्मत पर भी ताला लग गया। रोज के वो दस-बीस हजार घर आने बन्द हो गए। आपने पहले ही मुझे बहुत कुछ समझाया था, सो बैंक में खाते खोल रखे थे, कुछ

एफडी बनाई थी, फ्लैट लिया था, सोने का सामान बना लिया था। इनकी बदौलत मेरी जिन्दगी में तकलीफें नहीं होनी थीं।

''हनीफ भाई का एक दिन फोन आया। पूछा कि करारनामे पर दुबई जाऊँगी तो अच्छी डील देंगे। वे घर आए तो बताया कि दुबई के एक डांस बार में डांस के लिए जाना होगा। तीन महीने के करारनामे का पाँच लाख मिलेगा। न्यौछावर का 20 फीसदी भी मेरा होगा। गिफ्ट जो मिलें, पूरे मेरे। सौदा ठीक था।

''मैं एक बार गई तो रफत लग गई। अच्छा कमाया। लन्दन गई। सिंगापुर गई। हाँगकाँग भी गई। एक बार अमरीका भी हो आई। जब थक गई तो जाना बन्द कर दिया। अब घर पर ही हूँ।''

''और ये फाइल?'' मैंने पास पड़ी फाइल की तरफ इशारा किया।

रेशमा फिस्स से हँस पड़ी, ''ये तो खर्चा पानी है।''

रेशमा ने फाइल उठाकर वापस उसी जगह रखते हुए कहा, ''हनीफ भाई ने गुजारिश की तो उनके लिए कुछ अच्छी लड़कियाँ ला देती हूँ। खर्च की कुछ रकम वे दे जाते हैं।''

''दुबई में लड़कियों के साथ बड़ी धोखेबाजी है। आपका या इन लड़कियों का कोई बुरा अनुभव रहा कभी?''

''एक बार हुआ। मेरी भेजी एक लड़की थी सायरा। वहाँ बीमार पड़ी तो भी होटल मालिक ने उससे जबरन काम कराया। सायरा ने मुझे फोन किया। रो पड़ी। मैं अगली फ्लाइट पकड़कर दुबई पहुँची। उसे आजाद करवाया और साथ वापस ले आई। तब से मेरे साथ ही रहती है।''

''हनीफ भाई?''

''हुए थे नाराज। उनकी नाराजगी बहुत झेल लेती हूँ, खुदा की नाराजगी से बड़ा खौफ नहीं। वो ही सबसे बड़ा बादशाह है, उसकी नाराजगी नहीं झेली जाती। जो लड़कियाँ खुद जाना चाहती हैं, जिनकी पूरी रजामन्दी है, उन्हें ही भेजती हूँ, किसी मजलूम को कतई नहीं। इसी में सुकून है। घर से भगा कर—फुसलाकर लाई लड़कियाँ मिल जाती हैं तो उन्हें देखकर वो अन्धी सुरंग फिर याद आ जाती है।''

मैंने कलम बन्द कर जेब में रख ली तो रेशमा भी खामोश हो गई। देर तक सन्नाटा पसरा रहा। दूसरी बार भरी बीयर से अब बुलबुले भी उठने बन्द हो गए थे। गिलास यूँ ही छोड़कर मैं खड़ा हो गया। हमारी नजरें मिलीं। न रेशमा कुछ कह सकी, न मैं।

उसकी दहलीज लाँघ कर बाहर आया तो दरवाजे पर खड़ी रेशमा मुझे तब तक देखती रही, जब तक लिफ्ट का दरवाजा बन्द न हो गया। वह लिफ्ट मेरे लिए एक अन्धी सुरंग बन गई। उसका सात मंजिल का सफर बड़ा भारी पड़ा। जब दरवाजा खुला तो राहत मिली। इमारत से बाहर आकर एक रिक्शा लेने के बदले सड़क पर

बेवजह पैदल चलता गया। तभी पीछे से हॉर्न की आवाज आई। मुड़ा तो देखा अन्नू था।

"क्या सर? अकेले-अकेले किदर?"

"गया था किसी काम से। आप इस समय...कहाँ?"

"कैसी रही मुलाकात रेशमा से?"

मैं चौंका कि इसे इतना पक्का कैसे पता था कि मैं रेशमा के पास ही गया हूँ? सवालिया निगाहों से उसे भेदा तो जवाब पाया, "देखा था तुमकूँ ऊपर जाते। समझ गया था। तभी से नीचू इन्तेजार में था। बहुत टाइम लगा?"

"कोई और रेशमा है क्या आपके स्टॉक में?"

"देता हूँ न सर। बैठो।" उसने बाइक के पीछे इशारा किया।

मैं पीछे बैठ गया। उसने बाइक दहिसर की तरफ मोड़ दी। अन्नू बाइक चलाता रहा। मैं विचारों में खोया अन्धी सुरंग से बाहर आने की जद्दोजहद करता रहा।

करोड़ी बाला

वह तरन्नुम खान उर्फ तनु है। देश की सबसे नामचीन बारबाला। कुख्यात भी कहूँ तो ठीक ही होगा। उस पर करोड़ों की टैक्स चोरी के आरोप लगे। उस पर क्रिकेट सट्टा खेलने और खिलवाने के आरोप लगे। उस पर मैच फिक्सिग के आरोप लगे। पुलिस ने उसे जेल की हवा भी खिलाई। वह करोड़ रुपए के बँगले में रहती है। आलीशान कार की मालकिन है। उसके दीवानों में हरियाणा के एक पूर्व मुख्यमंत्री का बेटा भी है। इसी तनु के जीवन का हर हिस्सा आज सबके सामने नुमायाँ हो रहा है।

I just can't believe I didn't see it in your eyes...
I didn't see it, can't believe it...

यह मशहूर गाना कान में आ घुसा जो पॉप गायक मार्क एंथोनी ने गाया था। सन् 2005 के सितम्बर महीने में यह एक कुख्यात कन्या के फोन पर बतौर कॉलरट्यून बज रहा था, जिसका नाम पूरे देश में गूँज रहा था।

यह थी दीपा बार की मशहूर बारबाला तरन्नुम जफर उल्लाह खान उर्फ तनु।

उन दिनों इस लड़की के बारे में छोटी से छोटी जानकारी हासिल करने में चैनल मालिकों और सम्पादकों की बड़ी रुचि थी। उसका नाम पूरे देश में चर्चा का विषय बना हुआ था। मुझे भी आदेश हुआ। तो लीजिए साहब...चल पड़े जूते के तस्में बाँध कर इस बारबाला के बारे में खबर खुदाई करने।

तरन्नुम अगर बारबाला ही होती तो ठीक रहता। मेरे सोचने से लेकिन क्या होता है। पुलिस रिकॉर्ड में क्या नहीं है! वह सट्टा खेलने वाली पंटर है, बुकियों की एजेंट है, क्रिकेट फिक्सिग हेतु खिलाड़ियों के सामने डाली जानेवाली चारा है। वह हवाला से धन का लेन-देन करती है। वह हल्के दर्जे के फिल्म निर्माताओं को कर्ज देने वाली साहूकार है। अवैध कमाई से उसने घर भर रखा है।

यह वह दौर था जब डांस बार रात-भर गुलजार रहते थे। बारबालाओं पर

नोटों की बारिश होती थी। कई रातें डांस बारों में गुजारी हैं, जहाँ सैकड़ों तरन्नुम नाचती, चहकते, थिरकते, ठुमके लगाती, नोटों की बारिश में नहाती देखीं। तरन्नुम तब सुर्खियों में आई, जब एक रात में उस पर 90 लाख रुपए की बारिश हुई।

सितम्बर, 2005 में एक दिन वह मेरे सामने थी। कल तक कमनीय काया से लुभाने वाली तरन्नुम आज बुरके में लिपटी ऐसे पेश आई, जैसे जिन्दगी के सदमे से बाहर नहीं निकल पा रही हो। कल तक मोहक आँखों से मदमस्त करने वाली, आज नजरें झुकाए दुनिया की सबसे अबला बनी हुई थी। कल तक अदाओं की मादकता से ही बेसुध कर देने वाली को देखकर लगा कि यह शमा का चिरपरिचित

फ़ोटो साभार : मुम्बई पुलिस

विलाप है। वह मनमोहक नाच दिखाकर नोटों की बरसात करवाने वाली तरन्नुम थी। मैंने सवाल दागे, उसने जवाब दिए। दो टूक बात हुई—

"बुकियों को जानती हैं आप?"

"मैं तो उनको सिर्फ अपने ग्राहक के रूप में जानती हूँ।"

"ऑस्ट्रेलिया या इंग्लैंड मैच वाले बुकियों से पहचान है क्या?"

"किसी बुकी से मेरा सम्बन्ध नहीं है। मेरा नाच देखने दीपा बार में हर तरह के लोग आते थे। तभी कुछ बुकियों से मिली थी।"

"क्रिकेट पर सट्टा लगाती हैं?"

"मैंने कभी-कभी छोटा-मोटा सट्टा जरूर लगाया, लेकिन मैच फिक्सिग से वास्ता नहीं है। मैंने अधिक से अधिक 25 हजार रुपए का सट्टा लगाया होगा।"

"किन-किन क्रिकेटरों को जानती हैं?"

"किसी क्रिकेटर को नहीं जानती, न वो मुझसे मिलने आते थे।"

"माफिया से आपकी मिलीभगत के आरोप में कितनी सच्चाई है?"

"यह बिल्कुल गलत है। इसमें सच्चाई की एक बूँद नहीं है। मैं गलत कामों में नहीं हूँ।"

"फिल्मों में निवेश भी किया है आपने?"

"मैंने किसी फिल्म में पैसा नहीं लगाया। मुझे बस फिल्में देखने का शौक है।"

"आदित्य पंचोली का यह कहना कि वे मुरलीधरन के साथ दीपा बार में आए थे, क्या सच नहीं है?"

"मैंने भी टीवी पर यह देखा-सुना। जब वो लोग आए होंगे, तब शायद मैं वहाँ नहीं थी, या किसी और फ्लोर पर नाच रही थी। मुझे किसी क्रिकेटर के बार में आने की जानकारी नहीं है।"

"इतनी विदेश यात्राएँ क्यों कीं आपने?"

"एक पंचतारा होटल में नाचने के लिए एक बार दुबई गई। वहाँ तीन महीने रही। दुबई में कई भारतीय बैंड जाते हैं। मैं भी एक बैंड के साथ 1995-96 में गई थी। तब मैं सिर्फ 16 साल की थी।"

"मूल रूप से कहाँ की हैं?"

"मैं मुम्बई में ही पैदा हुई, यहीं पली-बढ़ी। मेरा आगरा या मीरा रोड से कोई वास्ता नहीं है।"

"बारबाला क्यों बनीं?"

"मेरे साथ कुछ अच्छा नहीं हुआ। मेरा परिवार भूखा मर रहा था। मेरे माता-पिता की दवाएँ नहीं आ रही थीं। मैंने बारहवीं तक पढ़ने के बाद एडवांस कम्प्यूटर का डिप्लोमा किया। परिवार का पेट पालने के लिए छोटे-मोटे काम भी किए। जब

कुछ न हुआ तो मैंने यह रास्ता चुना।''

''कब से हैं इस काम में?''

''पिछले सात सालों से।''

''दैनिक कमाई कितनी है?''

''आठ से दस हजार रुपए।''

''वरसोवा के एसवीपी म्हाडा में बँगला नम्बर 63 'तनिष्क' कितने में लिया?''

''27 लाख रुपए में खरीदा था।''

''लाखों बरामद हुए आपके घर से। इतनी नकदी घर में क्यों रखती हैं आप?''

''मेरे पास कोई रास्ता नहीं था। वो मेरा मेहनत का पैसा था, जिसे आयकर वाले ले गए।''

''ये कोकीन का क्या किस्सा है?''

''यह मेरे लिए नई बात है। आपके मुँह से पहली बार सुन रही हूँ।''

''अजहरुद्दीन से सम्बन्धों को लेकर भी बड़े किस्से बने थे, क्या कहेंगी?''

''उनसे मेरे कोई सम्बन्ध नहीं हैं।''

''आयकर छापे में क्या हुआ?''

''मेरी जिन्दगी बदल गई। मीडिया ने जीना हराम कर दिया। लोग मेरे घर की तरफ अंगुली उठाकर कहते हैं कि देखो-देखो, वहाँ बारवाली रहती है। अब सारा देश मेरे बारे में जानता है।''

कल तक अपराधियों की नर्सरी यानी डांस बारों में काम कर रही तनु अपराधों के विश्वविद्यालय यानी जेल हो आई। वहाँ उस्तादों ने ट्रेनिंग दी होगी। बातें करने में पारंगत हो गई थी। किश्तों में छोटे-छोटे जुमले उछाल रही थी। लगा कि अधिक उगलवाना सम्भव नहीं। मैंने कलम-कागज समेटे, दुआ-सलाम की, निकल पड़ा। यह लड़की कुछ बोलेगी तो है नहीं, उसके बारे में खुदाई करनी होगी। अब काम आएँगे हर मुश्किल घड़ी के मेरे रहबर, मेरे अनाम दोस्त यानी मुखबिर।

****

उसी शाम तरन्नुम के जानकार बन्दे के सामने अँधेरी के ओशिवारा इलाके के बीयर बार में बैठा था। उसने शुरू किया, ''भाई, मेरी याददाश्त ठीक से काम कर रही है तो पक्का है कि 90 के साल तक तरन्नुम के वालिद जफर उल्लाह खान सायन में छोटी-सी दुकान चलाते थे। परिवार में भाई, बहन समेत कुल 6 जान थीं। दुकान की आमदनी से गुजारा बमुश्किल होता था।''

उसने तनु की जिन्दगी के रहस्य परत-दर-परत उधेड़ने शुरू कर दिए। क्या जरूरत थी मुझे तरन्नुम से चिरौरी की, इतना पीछे पड़ने की? बड़ा भाव खा रही

थी। ये बन्दा तो उसकी चड्डी-बनियान का रंग भी जानता है। उसने जो बताया, मेरे लिए खजाना था।

महाठंडी बीयर की लम्बी चुस्की के बाद उसके मुँह से निकले गरमागरम शब्दों ने मेरे कान जला दिए, "भाई, आप तब मुम्बई में ही थे न, 1992 में? दंगे के टाइम? तो भाई, 1992 में बाबरी ढाँचा क्या गिरा, लाखों की जिन्दगियों पर नजला गिरा। एक तरफ देश जला, दूसरी तरफ लोगों के ख्वाब जले। दंगाइयों ने जफर भाई की दुकान लूट ली, घर में आग लगा दी। झटके में परिवार सड़क पर था। खाने-पीने को छदाम न था। किसके पास आसरा माँगते, सब आसरे की तलाश में थे। न सरकार से सहायता मिल रही थी, न रिश्तेदारों में कोई था, जिसके सामने हाथ फैलाते।"

"ये जफर भाई कौन थे, उनकी भी जानकारी देते चलिए।" मैंने चेताया तो बन्दे ने सिगरेट सुलगा ली, कश खींचा, दोनों नथुनों से देर तक धुआँ छोड़ता रहा। मैं जवाब का इन्तजार करता रहा।

"इन हालात के सदमे ने छोटी-सी तरन्नुम के वालिद को दिल का दौरा दिया। वो काम लायक न रहे। दुकान लेना आसान तो था नहीं। अम्मी को शक्कर और दिल की बीमारी थी, इलाज की सख्त दरकार थी। घर के हालात बदतर थे। फाके से बेहतर था तरन्नुम काम करे। ...भाई, सिगरेट लो न।"

"शुक्रिया। मैं ये सिगरेट नहीं पीता।"

"फिर?"

"मेरा अलग ब्रांड है।"

"वो मँगाते हैं न।"

"शुक्रिया। फिलहाल आपकी बातें जरूरी हैं। सिगरेट नहीं। फिर देखेंगे, आप जारी रखें।"

"हाँ, तो मैं बता रहा था कि अँधेरी के मिल्लत नगर में सरकारी शरणार्थी शिविर था, वहीं परिवार ने पनाह ली। दंगे खत्म होने के महीने बाद शिविर उजड़ा, तो जफर भाई का ये आशियाना भी उजड़ गया। तीन रात परिवार बिना खाने और छत के लोखंडवाला फुटपाथों पर रहा। क्या करते, कहाँ जाते, कोई आसरा था नहीं। पहले ही ऑपरेशन झेल चुके जफर भाई के हालात खराब थे। भूख मिटाने के लिए तरन्नुम की अम्मी कुछ भी करने को तैयार थीं।" उसका ध्यान प्लेट पर गया। पास से जाते बेयरे को टोका, "ऐ सुन, चना दाल ला एक। और वो फ्री वाला माल भरते रहने का टाइम-टू-टाइम। समझा क्या?"

बेयरा सिर हिला कर चला गया। वह भी सन्तुष्ट होकर शुरू हो गया, "मुम्बई की पैदाइश और पढ़ी तरन्नुम के लिए काम का सिलसिला कच्ची उम्र में शुरू हुआ। हायर सेकेंडरी की थी, एडवांस डिप्लोमा इन कम्प्यूटर एजूकेशन किया था।

दीपा बार जो अब बन्द है। फ़ोटो साभार : दैनिक जागरण

वो समझती थी कि इतनी पढ़ाई पर काम जरूर मिलेगा। तरन्नुम ने कई नौकरियाँ कीं लेकिन दो-पाँच हजार वाली नौकरियों से दो जून की रोटी नसीब नहीं होती।

''ऐसे में एक औरत फरिश्ता बनकर आई। उसने तरन्नुम की अम्मी से कहा कि हैरान होने से कुछ हासिल नहीं। पैसे चाहिए तो बेटियों को डांस बार भेजो। मजहबी मुसलिम बन्दे के लिए ये सोचना भी हराम था। वालिदैन ने साफ इनकार कर दिया। थोड़े वक्फे में हालात ऐसे बने कि दिल पर पत्थर रखकर इजाजत दी। इस तरह भूख ने मुम्बई को एक और बारबाला दी।'' कच्चा प्याज, हरी मिर्च, टमाटर और नींबू मिली चने की तली दाल का चखणा भर चम्मच मुँह में डाला, चबाकर खुश होता आगे बढ़ा।

''यह तरन्नुम के लिए डांस बार में काम करने का मौका न था, मजबूरी थी। तरन्नुम कमसिन थी, सुन्दर थी, उसे देख-देखकर लोग बिछे जाते थे। तब उमर 16 साल की ही होगी। रात 12 से 14 घंटे तरन्नुम के घुँघरू बजते और ठुमके चलते। भाई बार का माहौल तो आपको पता है ना, सारा समय शराब की गंध और सिगरेट का धुआँ भरा रहता है, उसमें नाचना छोटा काम नहीं है। दर्जनों आँखें घूरती रहती हैं। कोई और जगह हो तो किसी पराए मर्द का घूरना औरत को बिल्कुल पसन्द नहीं आता। पन भाई, डांस बार ऐसी जगह है, जहाँ मर्द बारबाला को घूरे तो वो खुश होती है। जितनी घूरती निगाहें, उतनी मोटी कमाई।''

बन्दे को याद आया कि फ्री का माल नहीं आया। उसके अन्दर का मुखबिर

जाग गया। उसी बेयरे को बुलाया और मेरे बोलने के पहले धमका दिया, "तू जानता है, कौन बैठे हैं तेरी होटल में? बहुत बड़े क्राइम रिपोर्टर हैं। एक बार बोल देंगे न कमिश्नर को, तेरे शेट्टी की गोटियों से कंचे खेलेगा वो। तेरे को समझ नहीं आता है कि कौन बैठा है, क्या बोल रहा है।"

"गलती हो गई सर।"

"गलती गई गधी की गांड में, जा के फ्री का माल भर डबल-डबल।" बेचारा बेयरा गधे के सिर से सींग की तरह गायब हुआ, और उतनी ही तेजी से फिर प्रकट भी हो गया। धमकी कारगर रही थी।

"ऐसा मत कीजिए। बेचारा गरीब आदमी है, क्यों गाली से बात करते हैं?"

"करने दो साब। आप तो कुछ करते नईं हो, हमकूँ थोड़ा रुआब मारने दो।"

"आगे बढ़िए।"

अब उसने कहानी पीछे से आगे बढ़ाई। "कांदीवली (प.) की शंकर लेन में एक रेस्तराँ और बार है—ओम पैलेस। एक वक्त था तरन्नुम ने यहीं ठुमके लगाना सीखा। डांस बार का पहला दिन तरन्नुम कभी याद नहीं रखना चाहती थी।

"ओम पैलेस बार का मालिक रामनाथ शेट्टी अभी भी तरन्नुम को याद रखे था। ओम पैलेस बार 1995 में खुला था। उसी साल तनु भी बार में नाचने आई थी। जब वो ओम पैलेस में काम करने गई थी तो नाम तनु बताया था। इस डांस बार के लिए तनु एकदम खास थी। वो यहाँ की सबसे अच्छी डांसर थी। जब आई थी तो ठीक से नाचना भी नहीं जानती थी। फरफर अंग्रेजी में बात करती थी। ग्राहक लोग से बड़ी इज्जत से पेश आती थी। तरन्नुम की तस्वीरें टीवी और अखबारों में देख के सब हैरान थे। वो लोग को समझ आया कि 'ये' वो ही तनु थी।" खबरी लाल के सुर सध चले थे, हर महीन जानकारी दे रहा था।

"तरन्नुम की अम्मी हसीना और बड़ी बहन अंजुम बार मैनेजर दिनेश शेट्टी से मिलीं। हसीना ने बेटियों से मिलाया। गरीबी से आजिज थी, इसलिए बेटियों को परिवार का सहारा बनाना चाहती थी।" उसने टेबल पर मेरी तरफ पूरा झुककर ऐसे बताया जैसे बड़ा राज फाश कर रहा हो!

वह पीछे की तरफ होकर आराम से बैठा, गिलास उठाया, लम्बा घूँट भरा। इतना कि गिलास आधा हो गया। गिलास टेबल पर रखकर गहरी साँस ली, "उन लोग को ऐईसा हालात में देख दिनेश शेट्टी ने तरन्नुम और अंजुम को काम दिया। तरन्नुम छह महीने में विदेशी और इंडियन नाच शानदार सीख गई। आज की बारवालियाँ तो ठीक से नाच भी नहीं पातीं। वो बहुत मेहनती थी। दूसरों के लिए भी नजीर बन गई। शाम सात बजे नाचने आती और पूरी रात नाचती। इसके बाद अँधेरी के आदर्श नगर में 100 फुट का खोली किराए पर लिया। उसी में परिवार रहने लगा।"

अगली सिगरेट सुलग चली, ''उसकी अम्मी हसीना बी गाहेबगाहे तनु की खैरखबर लेने ओम पैलेस आती। एक तरफ बैठ जाती। बेटी का काम खत्म होने का इन्तजार देर रात तक करती। काम खत्म होता तो साथ घर ले जाती। ओम पैलेस में तनु के कारण बहुत ग्राहक आते थे। उन दिनों भी तरन्नुम 5 हजार रुपए रोजाना ले जाती थी। बड़ी बहन अंजुम अच्छा नहीं नाचती थी। अंजुम की शादी हुई तो काम बन्द कर दिया। छह महीने ही काम की।''

मुँह से निकलते धुएँ के छोटे-छोटे छल्लों के बीच फलसफा भी निकलने लगा, ''क्या करे साहेब, किसी की किस्मत में मरना—खपना लिखा है तो क्या करेगा! जब किस्मत हो गाँडू तो क्या करेगा पांडू? फिल्मों में काम करती तो बहुत ऊपर जाती। उसमें सब कुछ था। सुन्दर थी, जबर नाचती थी, अच्छा व्यवहार था, दुनियादारी थी।'' पता नहीं वो सच में ऐसा ही था, या शराब सिर चढ़ कर बोल रही थी। ''ओम पैलेस से काम छोड़ा तो मालाड के लिंक रोड पर बने झरना बार में नाचने लगी।''

''कितने समय थी झरना में?''

''वहाँ कितने समय रही, पक्का नहीं पता। इस बीच मुम्बई के बाहर निकली। शोहरत तब बढ़ी, जब पहली बार दुबई गई। वहाँ पैसों और गिफ्ट की बरसात हो गई। कमाई अच्छी हुई तो मीरा रोड में किराए पर फ्लैट लिया। चार साल वहाँ रही। मीरा रोड में उसके तीन फ्लैट हैं।''

''आज भी हैं?''

''तब थे। आज का बोल नहीं सकता। बो बिल्डिंग दिखा सकता हूँ, जिसमें फ्लैट खरीदे थे तरन्नुम ने।''

''कुछ समय इधर-उधर बारों में काम करने के बाद तरन्नुम की किस्मत बदली। उसे मुम्बई के सबसे मशहूर दीपा बार में काम करने का मौका मिला। मुम्बई ही नहीं, देश और दुनिया के मशहूर लोग, फिल्मी और राजनीतिक हस्तियाँ, उद्योगपति और कारोबारी, क्रिकेट खिलाड़ी यहाँ थकान उतारने के लिए फेरा करते थे। उनकी जेब पैसों से लबालब भरी होती थी और हाथ खुले होते थे।'' बन्दा गोश्त का सबसे बड़ा टुकड़ा उठाकर मुँह में इस तरह घोलने लगा, जैसे जन्नत के मजे लूट रहा हो!

ठंडी बीयर से गला तर करने के बाद उसने मुँह खोला, ''तरन्नुम को पता था कि दीपा बार की बारबालाओं की किस्मत कैसे बदलती है। हरियाणा के एक ताकतवर नेता के बड़े बेटे की रखैल दीपा बार में नाचती थी। नेता के बेटे ने उसे फिल्म में हीरोइन बनाकर दुनिया के सामने पेश किया। कुछ दिनों में वो बारवाली दुनिया की निगाहों का मरकज बन गई। एक फिल्म से टॉप पर पहुँची तो नेता के बेटे को दूर कर दिया। उसका काम हो गया, क्यों किसी को गले में डाल के रखेगी।''

“इसका मतलब है कि ये कहानी तरन्नुम को पता थी। ऐसी कहानियाँ ही बारबालाओं का उत्साहवर्धन करती हैं। तरन्नुम का भी जरूर हुआ होगा।” मैंने भी अपना ज्ञान बघारा।

“अरे सर, दीपा बार में तरन्नुम की तरंग के लोग ऐसे दीवाने थे कि उसे देखने अमीर-उमराव और वीवीआईपी लोगों का ताँता लगता था। दूर-दूर से लोग उसकी झलक पाने आते थे।” वह ऐसे बात कर रहा था जैसे हर दिन तरन्नुम के सामने बैठता हो।

भुने चने की तश्तरी में सबसे फूले हुए चने चुन-चुन कर मुँह में भरते हुए उसके मुँह से बीच-बीच में कुछ बोल भी निकलते रहे, “तरन्नुम पर हर रात लाखों की रकम लुटाई जाती। कभी-कभी एक रात में 10 से 25 लाख रुपए भी लोग उस पर लुटा जाते। ऐसे दीवानों की बदौलत उसके घर दौलत भर गई। यह ‘खूबसूरत बारबाला’ अब ‘खुबसूरत बला’ बन गई। इस बीच तरन्नुम ने अँधेरी के एक सरकारी बैंक में लॉकर लिया ताकि कमाई सेफ रख सके। एक रुपहली हुँडाई सोनाटा कार भी खरीदी।”

बन्दा काफी बता चुका था, बीयर रंग दिखा रही थी, आगे बात करने लायक नहीं बचा था। अब तक पाँच बीयर गटक चुका था। यह बात और है कि पहली बीयर के बाद ही सुरूर चढ़ गया था। दूसरी बोतल आधी होते-होते तरंग में आ गया था। मेरे लिए यह अच्छा ही था। शराब पत्रकारों की ‘खास दोस्त’ है। सूचनाएँ निकालने में बड़ी मददगार है। मुखबिरान, अफसरान वगैरह के गले में शराब जितनी ऊपर तक आती है, उनकी जुबान से शब्द भी उतनी आसानी से फिसल कर बाहर आते हैं। अंगूर की बेटी से निस्बत हमेशा अच्छी होती है, लेकिन तभी तक, जब वह खुद के सिर पर सवार न हो।

****

अगली दोपहर मुम्बई पुलिस के उस अधिकारी के सामने मौजूद था, जिसे तरन्नुम से तेलगी तक, सब पता था। उसने बताया, “स्टांप घोटाले का मुख्य आरोपी अब्दुल करीम तेलगी उर्फ लाला भी तरन्नुम का दीवाना था। एक रात उसने तरन्नुम पर 90 लाख से अधिक रुपए लुटाए। उस दिन दीपा बार का माहौल देखने लायक था। हर पाँच मिनट में फर्श साफ करने और नोट बटोरने में सारे लोग लगे होते। चारों तरफ एक रक्कासा और एक दीवाने की चर्चा थी। एक तरफ बारबालाओं की जलन से हालत खराब थी, दूसरी तरफ बाकी ग्राहकों में निराशा और हीन भावना भर गई।”

इस अफसर के लिए यह हर दिन की बात थी। खुद भी रसिया था। तरन्नुम के

बारे में सब जानता था, ‘‘दीपा बार में काम के दौरान तरन्नुम हर दिन एक से तीन लाख रुपए कमाती थी। यह बात और है कि तरन्नुम कहती रही कि 8 से 10 हजार कमाती थी। दीपा बार में बारबालाओं पर लोग डॉलर भी उड़ाते थे। बारबालाएँ खुश होतीं कि विदेशी ग्राहक डॉलर उड़ा रहे हैं। यहाँ सौ का नोट मायने नहीं रखता था, सौ डॉलर का नोट बेहतर था। पाँच गुना महँगा जो था।''

‘‘सुबह छह बजे घर आना, सात बजे तक खाना खाकर सोना, शाम चार बजे जाग कर तैयार होना, फिर डांस बार जाना। बरसों तक तरन्नुम की यही जिन्दगी रही। हर दिन 14 से 20 घंटे काम।''

वे जान गए थे कि मुझे क्या चाहिए। वे आगे बढ़े, ‘‘पूछताछ में तरन्नुम की निजी जिन्दगी के कुछ पोशीदा राज फाश हुए। दीपा बार में आने वाले चार ग्राहकों के उससे गहरे ताल्लुकात रहे। वे उसके प्रेमी जैसे थे। तरन्नुम ने कहा था कि वो जवान लोगों से दूर रहती थी क्योंकि वे पक्के ग्राहक नहीं होते। दीपा बार के भागीदारों में एक हुमायूँ से भी उसके ताल्लुकात थे। ग्राहकों की जेब से माल निकालने के लिए तरन्नुम 'हर सहयोग' का आश्वासन देती थी। उन्हें भरोसा दिलाती कि 'उनका रिश्ता सबसे खास' है। वे हमेशा झाँसे में आते थे। इसके बाद तरन्नुम की तरफ धन की नदी बहने लगती।''

उनकी आखों में चमक सी आई, ‘‘मैंने खुद एसवीपी नगर, वरसोवा में बँगला नम्बर 63 देखा, जिस पर लिखा था—तनिष्क। 2000 वर्ग फीट का शानदार बँगला तरन्नुम का था। काली कमाई से तरन्नुम आलीशान जीवन जीने लगी। महँगी कार, बँगले और शानदार कपड़ों में सजी-धजी ये बारबाला किसी रईस के मुकाबले अच्छी जिन्दगी जीती थी। खबरी बताते हैं कि बँगला 82 लाख रुपए में खरीदा था, तरन्नुम 27 लाख का बताती है। तत्कालीन आयकर आयुक्त एच. तुलस्यान ने बँगले की कीमत सवा करोड़ रुपए बताई थी।''

सीनियर पीआई रैंक के अधिकारी आज पुलिस जीप खुद चला रहे थे। अमूमन इस रैंक का अधिकारी कार खुद चलाना शान के खिलाफ समझता है। आज ऐसा था क्योंकि मुझसे बातें करनी थीं। उन्होंने बताया, ‘‘तरन्नुम को बँगला सूरत के एक गोल्ड मर्चेंट के गिफ्ट में देने की जाँच भी हुई। बँगले के गिफ्ट वाले चक्कर में एक हीरा कारोबारी भी जाँच में फँसा। तरन्नुम का दावा था कि बँगला म्हाडा से खरीदा है।''

रास्ते में एक कार के बार-बार धीमे होने पर झुँझलाए हुए पुलिस वाले की मनोदशा देखने लायक होती है। मैं न होता तो अब तक उस कार वाले को इनकी वाणी का प्रसाद मिल चुका होता। झुँझलाए से बोले, ‘‘उस बुकी को उठाया हमने। पूछताछ में बोला कि तरन्नुम को विले पार्ले में बँगला खरीदने में मदद की थी। बुकी से फिल्म निर्माता बने इस बन्दे से अपराध शाखा में 9 सितम्बर, 2005 को

पूछताछ की थी। बँगले पर छापे क्या पड़े, अगला दरवाजा बन्द हो गया। परिवार पिछली गली का दरवाजा इस्तेमाल करने लगा।''

उन्होंने बताया, ''तरन्नुम ने 1995 में पासपोर्ट बनवाया था। उसकी इंग्लैंड, दुबई, फ्रांस, दक्षिण अफ्रीका, स्वीट्जरलैंड आदि यात्राओं की जाँच हुई। तरन्नुम ने बताया कि 1997 में फाइव स्टार होटल में नाचने के लिए 12 बारबालाओं के साथ तीन महीने के लिए दुबई गई थी। उसके पासपोर्ट पर इन देशों के वीजा थे। जाँच में पता चला कि तरन्नुम फिल्मोद्योग में गहरे तक धँसी थी। एक बुकी ने बताया कि तरन्नुम ने छोटी-मोटी फिल्मों में पैसा लगाया था। वह निर्माताओं को शॉर्ट लोन देती थी।''

''तरन्नुम पर फिल्में भी बनने के बारे में खूब कहा गया। कुछ आइडिया है उनके बारे में?''

''क्यों नहीं पता है। एक नई लड़की आई थी तब फिल्मों में, आशिमा शर्मा। उसने 'मुम्बई कैन डांस साला' में तरन्नुम का रोल किया। इस घटिया फिल्म में मसाले सारे थे लेकिन न समीक्षकों को पसन्द आई, न दर्शकों को। बुरी पिटी थी।''

''फिल्म 'दास्तान ए तरन्नुम' की घोषणा हुई लेकिन बनी या नहीं, पता नहीं। जेल से छूटने के बाद प्रीति जैन ने फिल्म 'दीपा की तरन्नुम' साइन की। प्रीति बोली थी कि फिल्म तरन्नुम पर है। डायरेक्टर अशोक पंडित ने भी तरन्नुम पर फिल्म बनाने के बारे में कहा था कि उसकी कहानी शानदार है, बढ़िया फिल्म बनेगी लेकिन ये फिल्म नहीं बनी।''

उन्हें सोचना नहीं पड़ रहा था, सीधे बताते जा रहे थे, ''तरन्नुम ने भी खूब बोला कि उसे फिल्मों के तीन ऑफर थे। एक फिल्म गिरफ्तारी से पहले ऑफर हुई थी। उसने ऑफर नहीं लिया क्योंकि बतौर बारबाला जितना कमाती थी, उतना फिल्म में मर-मर कर दिन भर काम करके भी नहीं

तरन्नुम की फाइनेंस की हुई फ़िल्म 'मुम्बई कैन डांस साला' के एक दृश्य में बाएँ से दूसरे प्रशांत नारायण, असीमा शर्मा और शक्ति कपूर। फ़ोटो साभार : www.bollywoodcameraaa.blogspot.in

मिलता। तरन्नुम ने कहा था कि 'दस' फिल्म के निर्माता नितीन मनमोहन ने फोन पर उससे तब बात की थी, जब वह जेल में थी। उसकी अम्मी से फिल्म में काम करने के लिए पूछा था। क्या मजाक है यार, ऐसा भी होता है क्या?''

वे जीप चलाते बातें आगे बढ़ाने के मूड में थे कि मोबाइल की घंटी बजी। डीसीपी का फोन था। 'जय हिन्द सर' के बाद बस 'सर—सर' बोलते रहे। कुछ खास काम था। तय हुआ कि कल सुबह नाश्ते पर थाने में मिलेंगे। नाश्ते में क्या मँगाना है, पूछने पर मैंने कहा कि तभी सोचेंगे, क्या खाना है। बीच रास्ते उतर कर टैक्सी पकड़ी, सीधे मरीन लाइंस के आयकर भवन जा पहुँचा।

****

लाल रंग की भव्य इमारत में नीचे सबको पता था कि मैं पहुँच रहा हूँ। किसी सुरक्षाकर्मी ने कुछ नहीं पूछा। अफसर का नाम बताया और सीधा लिफ्ट में चला गया। चन्द मिनटों बाद आयकर अधिकारी महोदय के सामने था। वही चिरपरिचित शर्त आई कि नाम छुपाने पर सब कुछ सुन सकता हूँ। हमेशा मानते थे, आज भी मानी।

वे शुरू हो गए, ''तरन्नुम ने बताया था कि जब कमाई अच्छी होने लगी तो किसी ने आयकर रिटर्न भरने को कहा। उसने दीपा बार के सीए से बात की।

तरन्नुम के मुताबिक इसी सीए की गलतियों और खुद की लापरवाही से आर्थिक मामलों की पूरी समझ नहीं बनी और वह मुश्किलात में घिर गई।''

अब तक चपरासी गर्मागर्म ब्लैक कॉफी की दो प्यालियाँ और मारी बिस्कुट भरी तश्तरी सामने रख गया। अपनी कॉफी में ताजा नींबू का रस डालकर आधी चम्मच शक्कर घुमाकर मैंने स्वाद परखा, सही पाकर बड़ा आनन्द आया। गर्म कॉफी की चुस्कियों ने थकान दूर कर दी। अधिकारी महोदय ने बताया, ''तरन्नुम ने कहा था कि उसे लगता रहा कि सब ठीक होगा। उसने कहा कि मेरे लिए वह दिन बड़ा खराब था, जब इनकम टैक्स का छापा पड़ा। बाद में उसे घोटाले में घसीट लिया और जेल जाना पड़ा। वो जेल से रिहा हुई तो समझी कि सीए ने जान-बूझकर धोखा दिया था। तरन्नुम ने अदालत में भी बयान दिया कि उसने यह जान-बूझकर नहीं किया था, लापरवाही में हुआ है।''

उन्होंने बताया कि तरन्नुम की जाँच के दौरान पता चला था कि महज छह साल में उसने एक करोड़ रुपए से अधिक रकम कमाई। उसने कहा था कि वो नहीं जानती थी कि उसकी खरीदी सम्पत्तियों की जानकारी रिटर्न में देनी जरूरी होती है। चार सालों से उसने रिटर्न नहीं भरा था। सीए ने गुमराह किया था, जिसके चलते रिटर्न नहीं भर पाई। हमने तरन्नुम का जीते-जी पोस्टमार्टम कर दिया। उसकी अवैध सम्पत्ति का खुलासा हुआ तो सब दंग रह गए।

मैंने कहा, ''इस करोड़ी बारबाला पर छापे के पीछे उसके पुराने सीए का हाथ होने की बात सामने आई थी। तरन्नुम का दावा था कि सीए बदला था, तो उसने आयकर में अपने सम्पर्कों का इस्तेमाल कर तरन्नुम से बदला लिया, उसकी जिन्दगी नरक की भट्ठी में झोंक दी। तरन्नुम को लगता था कि बारबालाओं पर आयकर विभाग छापा क्यों मारेगी। अपने घर में पैसे रखने में कोई परेशानी नहीं होगी। यह खुद की कमाई थी। उससे सरकार को क्या समस्या होनी थी।''

इस पर आयकर अधिकारी महोदय थोड़े आहत दिखे। उन्हें इस बात पर आपत्ति थी कि सीए ने आयकर विभाग में अपने सम्पर्कों का इस्तेमाल एक लड़की से बदला लेने के लिए किया था। उन्होंने कहा कि सूचना कोई भी दे, क्या फर्क पड़ता है। टैक्स चोरी हो रही है तो उसने रोकना अधिकारियों का काम है। आपसी झगड़े उनका मसला है। हमें उससे कोई लेना-देना नहीं। म्हाडा के अधिकारियों ने भी तरन्नुम पर मामला दर्ज करने की योजना बनाई थी। उनके मुताबिक सम्पत्ति कर भरने में उसने गड़बड़ियाँ की थीं।

''ये मामला इतना भी सीधा नहीं था। और जहाँ तक पुराने सीए से हमें सूचना मिलने की बात है, तो क्या फर्क पड़ता है? जो टैक्स नहीं भरते हैं, उनसे टैक्स वसूला जाए तो गलत क्या है?''

उनके मुताबिक तरन्नुम यह भी दावा करती है कि जो रकम आयकर विभाग

ने जब्त की, पूरी उसी की थी, किसी खिलाड़ी या सटोरिए की नहीं। सन 2008 में तरन्नुम ने आयकर विभाग में अर्जी देकर तमाम सम्पत्ति और नकदी वापस माँगी थी। कॉफी खत्म हो गई। बातें उसके पहले ही खत्म हो चली थीं। वहाँ से निकलना ही ठीक लगा। सीधा नल बाजार की ओर चला। सट्टे के पुराने खोचड़ (खिलाड़ी) मिल सकते थे। छोटे मियाँ के साथ वाले कुछ बन्दों से मिलने और दो-चार बातें करने में कुछ बुराई नहीं थी।

****

हमीद टकला उर्फ एचटी (नाम परिवर्तित) ठिए पर ही मिला। मुझे आते देखकर खुश हो गया। काफी दिनों से मिला नहीं था।

"आओ विवेक भाई, आज कैसे रास्ता भूल गए?"

"रास्ता कहाँ भूले, सीधे आप तक आए हैं।"

"क्या लोगे? कॉफी बुलाता हूँ? ओ इरफान..."

"नहीं हमीद भाई, अभी इनकम टैक्स से आ रहा हूँ, एक कॉफी हो गई है। बाद में देखते हैं।"

"तो बोलो।"

"बोलना यह है कि दीपा बार वाली तरन्नुम का तिया-पाँचा कर दो।"

"अरे उस लड़की से आपकी क्या दुश्मनी हो गई?"

"तिया-पाँचा का मतलब उसके बारे में सब कुछ बताएँ, पिटाई नहीं करनी है।"

हमीद भाई खूब देर तक हो-हो करके हँसते रहे। इस बीच मटके-सा गोल-गोल मोटा-सा पेट उछल-उछलकर उनकी कैद से बाहर निकलने को बेताब होता रहा। शान्त हुए तो बोले, "सात सालों तक तरन्नुम बारबाला का काम की। मोटी रकम कमाने के आसान रास्ते ही उसे रास आने लगे। आसान कमाई के लिए उसने और आसान तरीके खोजे। उसे क्रिकेट सट्टे में अच्छे आसार लगे। उसके कई गिराहक बड़े बुकी थे। बुकियों के लिए ये वाली गिराहक नई तो थी नहीं। कल तक वो लोग गिराहक थे, अब ये उनकी गिराहक थी। वे भी अपनी नई गिराहक को खुश करना चाहते थे। उनके लिए तरन्नुम को खुश करने में कोई परेशानी न थी। तरन्नुम की लगाई रकम तेजी से दोगुनी-तिगुनी होने लगी।"

"हमीद भाई, एक तरफ आयकर अधिकारी दावा करते हैं कि उनके कहने पर मुम्बई पुलिस ने तरन्नुम के खिलाफ सट्टेबाजी के मामले में कार्रवाई की थी। दूसरी तरफ पुलिस ने दावा किया कि उन्हें मुखबिरों से पता चला था, जिसके आधार पर तरन्नुम के खिलाफ कार्रवाई की।"

"क्या बोलने का विवेक भाई, तरन्नुम पर छापे डालने पर इंटरनेशनल क्रिकेट काउंसिल (आईसीसी) की एंटी-करप्शन एंड सिक्यूरिटी यूनिट (एसीएसयू) के अफसर लोक ने अपनी लाल किए। बोले कि उनका इन्फो पर छापा डाला। आईसीसी

वालों ने ढोल बजाया कि मुम्बई से श्रीलंका के लिए कुछ बुकियों ने बड़े पैमाने पर हवाला किया था। खोजबीन में तरन्नुम का बुकियों से रिलेसन मिला। जाँच आगे बढ़ी तो तरन्नुम से दुनिया-भर के कई क्रिकेटरों से गहरे ताल्लुकात की जानकारी मिली। ये बात इनकम वालों को बताया। कोई कुछ भी बोलेगा तो मानना पड़ेगा ना।''

''तो क्या आयकर छापे में पक्का पता चला कि बारबन्दी के बाद तरन्नुम क्रिकेट सट्टे से जुड़ी थी?''

''भाई, मुझे उस टाइम पर क्राइम का एक ऑफिसर बोला था कि तरन्नुम के मोबाइल फोन में कुछ श्रीलंका वाले क्रिकेट खिलाड़ियों के प्राइवेट मोबाइल नम्बर मिले थे। तरन्नुम ने बताया था कि सट्टे में बाम्बे के दो बड़े बुकियों सुनील दुबई और मिलिन्द धीरज नन्दू उर्फ धीरज जोगेश्वरी उर्फ डीजे ने उसे घसीटा था। सुनील दुबई और डीजे 500 करोड़ की बुक चलाते हैं। ...अबी कॉफी बोलूँ?''

''आगे क्या हुआ?''

''क्राइम ब्रांच ने तरन्नुम के खिलाफ सट्टेबाजी का केस लिया। तरन्नुम को 16 सितम्बर 2005 को बुकी डीजे और प्रदीप परमार के साथ पकड़ा। तरन्नुम और बुकियों को आईपीसी, गैंबलिंग एक्ट, इंडियन टेलीग्राफिक एक्ट और आईटी एक्ट में डाला। डीजे का नाम तरन्नुम की डायरी के 26 बुकियों की लिस्ट में था। डीजे ने बाद में माना कि उसके तरन्नुम से सम्बन्ध थे। वह पकड़े जाने के तीन साल पहले से सट्टे में है। उसके सबसे बड़े पाँच पंटरों में तरन्नुम भी है। तरन्नुम ने उसे दो बड़े बुकियों एमडी और किरीट से मिलाया था। डीजे के कलकत्ता, मुम्बई और गुजरात के बहुत सारे बुकियों से सम्बन्ध थे। कलकत्ता के जेकाल और बड़ौदा के अज्जू बुकियों की कटिंग करता था। डीजे ने पुलिस को एक लिस्ट दिया, जिसमें हर पंटर के सौदा की पूरी जानकारी थी। उसने बोला कि मीरा रोड में सुनील मालाड रहता है। उसी ने सट्टा चलाने कूँ डीजे को एक फ्लैट लेके दिया था।''

ये हैं अपने एचटी भाई, सट्टे के बेस्ट टीपर, जो वे जानते हैं, कोई नहीं बता सकता, ''बाद में इस केस में अपराध शाखा ने एक पंटर भावेश उपाध्याय को उठाया। उसका डायरी-लैपटॉप में सट्टे का ढेरों इन्फो था। तब क्राइम डीसीपी धनंजय कमलाकर साब ने इसके बारे में बोला था। डीजे के सट्टा नेटवर्क में भावेश खास मोहरा था। इससे पुलिस को 157 लोगों के कोड नेम और मोबाइल नम्बर मिले थे। तरन्नुम के सेलफोन से मिले 93 टेलीफोन नम्बर क्राइम वालों को खास लगे। उनमें 27 बुकियों के और 30 पंटरों के थे। तब एसीपी रतनसिंह राठौर ने बताया था कि बरामद लैपटॉप से कुछ नहीं मिला क्योंकि वो खराब था। तरन्नुम से मिले दस्तावेजों में 1 मार्च, 2005 से 19 अक्तूबर, 2005 तक के मैचों की पूरी जानकारी सट्टेबाजी के लिए लिखी मिली। छापामारी के टाइम सुनील दुबई भाग गया। शोभन मेहता उर्फ शोभन कालाचौकी और बुकी से फिल्म निर्माता बने

जगदीश सोढ़ा से तरन्नुम के सम्बन्धों की इन्फो भी क्राइम वालों को मिली थी।''

''क्राइम के एक ऑफिसर ने मुझको बोला कि तरन्नुम ने बताया था कि जगदीश सोढ़ा को जानती है। सितम्बर, 2004 में जगदीश पर आरोप लगा कि इंग्लैड वाला मैच फिक्स करने कूँ उसने खिलाड़ियों को 8 लाख रुपए दिए। तरन्नुम की अथाह नकदी और प्रॉपर्टी इनकम वालों ने पूछा, तो बोली कि पैसे न्यौछावर के हैं। उनको लड़की की बात पर भरोसा ही नहीं हुआ। उसके कागज और मोबाइल जाँचे तो मालूम हुआ कि बड़े-बड़े बुकी उससे बात करते थे। तरन्नुम के गिराहकों से भी कस कर पूछताछ हुई थी।''

एचटी पूरे शबाब पर थे, उनसे जो मिल रहा था, वह कोई और नहीं दे सकता था, ''इसमें वो झगड़ने वाला एक्टर है ना, क्या नाम है उसका? हाँ वो आदित्य पंचोली और श्रीलंका का क्रिकेटर मुथैया मुरलीधरन का नाम आया तो खूब लफड़ा हुआ। पुलिस को पता चला कि वो साथ में दीपा बार गए थे। रात में देर तक उदर तक रुके। तब मुथैया मैच खेलने मुम्बई आया था। पुलिस बोली थी कि उनकी बड़ी रकम तरन्नुम ने रखी थी, जो मैच फिक्सिग में मिली थी। ये बात और है कि दीपा बार जाने का दोनों कभी इनकार नहीं किया। वो बोले कि न मैच फिक्सिग जानते हैं, न तरन्नुम से सम्बन्ध है। जाँच में उनको हरी झंडी मिली। क्रिकेट प्लेयर संथा कुमारन श्रीसंथ, बिन्दु दारासिंह, गुरुनाथ मयप्पन भी लफड़े में गिरे। बाद में सब कुछ ठंडा पड़ गया।''

''क्या कारण रहा?''

''वही जो हमेशा होता है। सट्टा लॉबी एकदम मजबूत है विवेक भाई। उसके पैसों की मार बड़ी खतरनाक है। तरन्नुम से दाऊद भाई तक, सब सट्टा लॉबी के मेंबर है।''

''तरन्नुम बोली कि बुकी उसके ग्राहक थे। वो क्रिकेटर को नहीं जानती। सब झूठ का खेला है विवेक भाई। एक मैच पर डीजे के थ्रू 15 से 25 हजार रुपयों का सट्टा लगाती थी। तरन्नुम ने एक टीवी वाले को बोला था कि उसने क्रिकेट पर सट्टेबाजी में कमाया लेकिन पता नहीं था कि सट्टेबाजी गैरकानूनी है। लो कर लो बात, भड़वा बोले कि लड़की से धन्धा करवाने पर कमीशन खाना क्राइम है, उसे नहीं मालूम। ऐसा बोले तो कैसे चलेगा? पहले तो तरन्नुम मामले में क्राइम वालों ने खूब दिलचस्पी दिखाई। रपारप धरपकड़ किए। खूब हंगामा मचाए। छापे वालों के लिए तरन्नुम मसालेदार न्यूज था। कई छापेवाले तो साल भर 'तरन्नुम बीट' पर काम करते रहे। प्रेस-मीडिया का तरन्नुम से ध्यान हटा, क्राइम वालों की इंटरेस्ट भी खल्लास।''

''क्यों?''

''जिसे जितना निचोड़ सकते थे, हो गया। जिस गाय के थन में दूध नहीं, उसे

घर में कोई पालता-खिलाता नहीं है। ...अब कॉफी बोलूँ क्या भाई?''

''हमीद भाई, तरन्नुम को आसानी से जमानत कैसे मिल गई?''

''आसानी से नहीं मिली। तरन्नुम के वकीलों ने अदालत में खासी मशक्कत की ताकि जल्द जमानत हो। लेकिन वे इस मोर्चे पर नाकाम रहे। सरकारी वकील ने उनकी हर माँग नाजायज करार दी। उन्होंने दावा किया कि आरोपी सबूतों से छेड़खानी कर सकती है। जाँच इतनी धीमी और लचर थी कि साफ था कि तरन्नुम को कभी सजा नहीं होगी। सट्टा लॉबी का खेल चल गया था।''

''यानी पैसे का जादू चल गया था?'' मैंने साफ करवाना चाहा।

उन्होंने पूरी तफसील रख दी, ''तब क्राइम डीसीपी धनंजय कमलाकर साब बोले थे कि हैदराबाद फोरेंसिक लैब से बुकी के लैपटॉप की रपट नहीं आई, जिससे चारजशीट नहीं गई। इसी से सबको नवंबर 2005 में जमानत मिल गई। पुलिस के पास चारजशीट दाखिले को 60 दिनों का टाइम होता है। यह पैंतरा उस मामले में पुलिस तब आजमाती है, जब पेट गले तक भर जाए। जिनमें पेट में कुछ नहीं पहुँचता, तय मियाद के अन्दर आसानी से चारजशीट दाखिल होती है। तबसे तरन्नुम और बुकी डीजे आजाद हैं। उनके खिलाफ मुकदमा शुरू नहीं हुआ। किसी को नहीं पड़ी कि मामला अदालत में चलाने की अर्जी दे। वकील पेशी पे जाते हैं, अदालत से अगली तारीख लेते हैं, नई तारीख मिलती है, वकीलों को मोटी फीस मिलती है, वो खुश होते हैं, मुवक्किल खुश हो जाते हैं।''

''तरन्नुम के गिरोहबाजों, फिल्मी हस्तियों व क्रिकेटरों से सम्बन्धों को लेकर भी खासा पंगा रहा हमीद भाई। वो तो पकड़े ही नहीं गए।''

''तरन्नुम के बारे में मैंने भी सुना था कि कीनिया के क्रिकेट खिलाड़ी से उसके सम्बन्ध थे। उसका नाम 2004 के मैच फिक्सिग घोटाले में था। तरन्नुम हमेशा इनकार की। तरन्नुम के क्रिकेटर से रिश्तों के पुख्ता सबूत पुलिस को नहीं मिले। कोई चाहे तो सबूत मिलते हैं, नहीं चाहे तो नहीं मिलते।'' बड़े ही रहस्यमयी अन्दाज में हमीद भाई ने कहा।

''हमीद भाई, तरन्नुम पर बहुतेरी बातें हुईं। कुछ ने कहा कि वह मुम्बई के चकलों-कोठों से होती बारों तक पहुँची थी। कुछ ने कहा कि उसके मुम्बई के गिरोहों में सम्बन्ध रहे हैं। उसने वक्त-वक्त पर साफ किया कि पुलिस को गिरोहों से सम्बन्धों के सबूत नहीं मिले हैं।''

''मिलेंगे भी नहीं। सट्टा लॉबी के सामने कोई नहीं टिकता है सर। ललित मोदी का क्या हुआ, देखा न आपने? बस, समझ जाओ।'' उन्होंने मुझे भरोसा दिलाया।

''आदित्य पंचोली से सम्बन्धों पर क्या कहेंगे?''

''मैं क्या बोलेगा। आदित्य पंचोली को बयान देने क्राइम यूनिट 3 में बुलाया था। वो जीप में उदर गया। मीडिया देख के चुपचाप निकल लिया। पुलिस उसे

गवाह बनाने को बोली थी। वो तब बोला था कि मुरलीधरन ने उससे अच्छी मछली खाने कूँ, मुजरा देखने कूँ बोला तो हरीश रेस्टोरेंट और दीपा बार में ले के गया। वो बोला कि बारबाला को पैसे नहीं दिए। तरन्नुम से रिश्ते की बात भी आदित्य पंचोली ने नकारी थी। खुद पत्रकारों को बोला, किसी खिलाड़ी को तरन्नुम से नहीं मिलाया। वो दीपा बार गया पन 15 मिनट रुका था। अबी बोला तो मानना ही पड़ेंगा ना।'' लाचारी में सिर हिलाते हुए हमीद भाई बोले।

''लेकिन तरन्नुम ने कहा था कि वो आदित्य पंचोली से मिली थी।''

''तरन्नुम बोली थी कि वो किसी के साथ दीपा बार आया था। बोली कि सारी लड़कियाँ उसे देख के खुशी में पागल हो गईं। पता नहीं क्या मिलता है इन फिलम वालों को देख के इन लोगों को। वो बोली कि उसके साथ कौन आया, उस पर किसी का ध्यान नहीं था। पुलिस बोली कि उसके साथ एक क्रिकेटर गया था।''

''डांस बार में सट्टा खेलने की बात भी खूब उड़ी थी।''

''तो ये कौन-सी बड़ी बात हो गई? सट्टा किदर नहीं होता? क्राइम के एक साब मुझे बताए कि तरन्नुम ने उनको बोला था कि 9 अगस्त, 2005 को वीडियोकॉन कप में भारत-श्रीलंका मैच पर डेढ़ करोड़ का सट्टा लगाया था। श्रीलंका से भारत हारा तो ये रकम की चपत लग गई। इनकम टैक्स वालों को सट्टे के एसएमएस भी तरन्नुम और उसके बुकी के मोबाइल में मिले थे।''

''और?''

''और ये कि पुलिस जाँच में तरन्नुम के 20 अगस्त, 2005 वाले ऑस्ट्रेलिया-इंग्लैंड मैच में ऊँचे दाँव लगाने के सबूत मिले थे। उसे कम-अज-कम 30 लाख फायदा हुआ था। तरन्नुम ये भी बोली कि वो पंटरों के 10 से 50 हजार रुपए तक के सौदे लेकर बड़े बुकियों को कटिंग करती थी। मोबाइल पे सौदे करती थी। तरन्नुम बाद में इससे मुकर भी गई। बोली कि सट्टा खेलती है लेकिन ये क्राइम नहीं। सब क्यों उसके पीछे पड़ गए हैं? ...अब तो कॉफी पी लो सर।''

''मत पिलाइए कॉफी अभी। तरन्नुम पर जो जानकारियाँ हैं, वो ही दीजिए। मेरी कॉफी भी फिलवक्त यही है, खाना भी यही है, नाश्ता भी यही है, नींद भी यही है, नशा भी यही है।''

''ठीक है। अपने छोकरे लोक को बोलता है उसका और डेपलमेंट देने को। आपको फोन करेगा। अल्ला हाफिज।''

''अल्ला हाफिज। फिर मिलेंगे।''

****

यहाँ से निकला तो सीधा पहुँचा कस्टम्स की नई इमारत में। 12 मंजिला इमारत में

तमाम अफसरान के बीच एक ऐसा था, जिसे मैं खूब पसन्द करता था। कारण था ईमानदारी। इसी कारण बरसों तक विजिलेंस में निकाले इस अफसर ने। तरन्नुम के कुछ पोशीदा राज उसे पता थे। कुछ ही देर बाद उनके सामने बैठा था।

''आप बता रहे थे कि एक हरियाणवी नेता की निस्बत थी तरन्नुम से?''

''हरियाणा के एक पूर्व मुख्यमंत्री के बड़े बेटे से उसका गहरा याराना था। उसने दीपा बार की एक बारबाला को हीरोइन बना डाला है।'' वे हँस कर बोले।

''कौन है वो हीरोइन?''

''जाने दो यार, तुम मर जाओगे खामखां इस पचड़े में। नाम छाप दिया तो पंगा पड़ जाएगा। कोई सबूत मिलेगा नहीं।''

''आगे।''

''ये भूतनी का नेता-पुत्र क्रिकेट सट्टे में मोटी रकमें लगाता है। दीपा बार में हमेशा दिखता था। तरन्नुम से इसकी निस्बत दीपा बार में सब जानते थे। इस नेता-पुत्र के एसएमएस भी तरन्नुम के सेल में क्राइम ब्रांच ऑफिसर्स को मिले थे। मेरे मुखबिर ने बताया था कि इस नेता-पुत्र से मिलने तरन्नुम गाहेबगाहे दिल्ली और हरियाणा जाती थी।''

''और उसका सट्टा प्रेम?''

''सट्टे के चक्कर में डीआरआई ऑफिसर्स ने इनवेस्टीगेशन की थी। एक के मुताबिक नेता-पुत्र ने एक बार क्रिकेट पर मुम्बई के बड़े बुकी के पास मोटा सट्टा खेला। वो 5.8 करोड़ रुपए हार गया। लेकिन रकम देने से इनकार कर दिया। बुकी की शिकायत पर छोटा शकील ने उसका भूत बना दिया। फोन करके रकम चुकाने के लिए धमकाया। वो लौंडा भी पूरा पागल है। फोन की शिकायत दिल्ली पुलिस में कर दी। पुलिस ने बुकियों की हालत खस्ता कर दी। दोनों पार्टी साथ बैठे, सौदा हो गया। इसके बाद मामला शान्त हो गया।'' उन्होंने इस तरह सिर हिलाया, मानो अब और कुछ हो ही नहीं सकता था, ''अरे यार, तरन्नुम के पूर्व मुख्यमंत्री के दो बेटों से सम्बन्धों को जानकारी मिलने पर पुलिस में भी सनाका खिंच गया था। सत्ता में बैठे नेताओं से कौन अफसर पंगा लेता, सब शान्त होना ही था।''

जो मिल चुका था, उसके आगे हासिल होने की उम्मीद न थी। दुआ-सलाम की और दफ्तर निकल पड़ा। जितना मिल चुका था उसे लिख लेना था।

****

इस बीच तरन्नुम के बदले तेलगू फिल्म तारिका तमन्ना भाटिया के फोटो कुछ अखबारों और वेबसाइट्स ने छाप दिए, जिस पर हंगामा हो गया। ये फोटो तेलगू फिल्म 'श्री' के सेट की थीं। तमन्ना ने कहा कि उन्हें विश्वास ही नहीं हो रहा है कि

ऐसा भद्दा मजाक उनसे कोई कर सकता है। 13 साल की उम्र से अदाकारी कर रही तमन्ना शूटिंग के समय 15 साल की थीं। वे बांद्रा के नेशनल कॉलेज में पढ़ती थीं। उनके पिता सन्तोष भाटिया ने तरन्नुम के बदले तमन्ना के फोटो छापने वालों के खिलाफ ओशिवारा थाने में शिकायत दर्ज करवाई। तत्कालीन डीसीपी अमिताभ गुप्ता ने कहा कि इसमें पुलिस कुछ नहीं कर सकती। वे चाहें तो मानहानि का मुकदमा करें।

****

वह 17 नवंबर, 2011 की सुबह थी। आखिरकार तरन्नुम को भायखला जेल से आजादी मिली। दो माह जेल की सलाखों के पीछे बिताने के बाद तरन्नुम जेल से बाहर निकली। मैं भी दर्जनों पत्रकारों के साथ ही जेल के बाहर खड़ा था ताकि उसे घेर कर कुछ सवाल पूछ सकूँ। तरन्नुम जानती थी कि उसे क्या बोलना है—क्या नहीं। दरवाजे पर ही पत्रकारों से कह दिया कि मामला अदालत में है। वो परिजनों के पास जाना चाहती है, जिनसे इतने दिनों से नहीं मिली है।

अधिक दबाव देने पर उसने जो कहा, उसका लब्बोलुबाब यह था कि दो महीने तक हत्यारों, चोरों, नशाफरोशों के बीच रही। वह तो भला हो कि उसकी बैरक में प्रीति जैन थी। मधुर भंडारकर पर बलात्कार का आरोप लगाने वाली अदाकारा प्रीति जैन गवली गिरोह को हत्या की सुपारी देने के आरोप में गिरफ्तार थी। प्रीति ने जेल में न केवल ढाढ़स बँधाया बल्कि सुख-दुख सुने, जीने का हौसला दिया। सलाह और सान्त्वना दी। छोटे से बैरक में 50 महिला कैदी ठूँसी हुई थीं। महज पाँच बल्ब थे, जिनकी रोशनी में ठीक से कुछ देख पाना मुहाल था।

सवाल सैकड़ों थे लेकिन तरन्नुम जवाब न देने का मन बनाकर आई थी। उसे लेने आई एक कार में बैठी और फुर्र हो गई।

****

रिहाई के बाद तरन्नुम ने कुछ कलमनवीसों को बुलाया ताकि दुःख भरी दास्तां बयाँ कर सके। अपने हिस्से का सच उजागर कर सके। अब तक जो भी सामने आया था, वह पुलिस और आयकर अफसरान की जुबानी आया था।

उसने बताया कि बारबन्दी के बाद 'बारबाला' के बदले वह 'व्योमबाला' यानी एयर होस्टेस बनना चाहती थी। अफसोस कि जिस दिन पुलिस ने सट्टेबाजी मामले में उसे गिरफ्तार किया, उसी दिन यह सपना भी टूट गया।

और तरन्नुम की अम्मी ? वे तो बेटी की गिरफ्तारी से इस कदर सदमे में थीं

कि कुछ कहने-बोलने से मोहताज हो चलीं।

एक खास मुखबिर के मुताबिक बार बन्दी के बाद तरन्नुम निजी मुजरे में जाने लगी। यही कमाई का मुख्य जरिया बन गया। एक खास बात और। पासपोर्ट वापस मिला तो खबरनवीसों से बचने के लिए तरन्नुम ने सीधे दुबई की उड़ान पकड़ी। तरन्नुम की शिकायत जायज थी कि पत्रकारों ने उसका जीना मुहाल कर दिया था।

भग्न देह

पिंकी-रिंकी को लेकर कुछ भी कहना मुहाल है। गाँव की लड़कियाँ थीं, मायानगरी मुम्बई में आकर भी नहीं बदलीं। उनके चेहरे से जिस्म तक हर कहीं यह पीड़ा बहती थी कि उन्होंने इस शहर में आकर गलती की। वे इज्जत की दो रोटी कमाना चाहती थीं लेकिन भेड़ियों के बीच आकर वे फँस गईं। कुछ दरिंदे उन्हें हर वक्त नोंचते-खसोटते थे। उनका जीना-मरना एक सरीखा हो गया। यह सच है कि जब दर्द अन्तहीन हो जाता है तो एक दिन इनसान बागी हो जाता है। पिंकी-रिंकी के साथ भी कुछ ऐसा ही हुआ। वे भी बगावत पर उतर आईं। यह बात और है कि उनकी बगावत से ज्यादा कुछ नहीं हुआ। न बारमालिक का कुछ बिगड़ा, न उन पर जुल्म करने वाले पुलिसियों का। बस, वे बच कर घर वापस लौट गईं।

22 दिसम्बर, 2010 की वह दोपहर कुछ ऐसी थी, जिससे सिर्फ और सिर्फ दर्द का दरिया बह रहा था।

मेरे सामने दो भग्न देह थीं। पिंकी और रिंकी। सगी बहनें।

सामने बैठी इन बहनों के दिल से जिस कदर आह निकल रही थी, यह जतलाने के लिए काफी थी कि बारबालाओं का मयखानों के मालिक और पुलिस किस वहशियाना तरीके से शोषण करते हैं।

नाराज रिंकी-पिंकी आज अपनी ही दुनिया के उस अँधियाले हिस्से को रोशनी में लाने के लिए इस कदर बजिद थीं कि कोई उन्हें समझा नहीं सकता था।

रिंकी-पिंकी के जिस्म पर पड़े नील चुगली कर रहे थे कि उनके मन पर कितनी चोट पहुँची है।

बारबालाओं की दमकती देह के पीछे कितना संताप है, यह समझना कुछ लोगों के लिए कठिन है। पिंकी और रिंकी सामने नहीं आतीं तो यह जानना सम्भव नहीं होता कि डांस बारों की लपझप-लपझप करती रोशनी के पीछे क्या-क्या होता है।

सच तो यह है कि दोनों बारबालाओं ने डांस बारों में चलती देह की तिजारत के हर राज का एक-एक कर ऐसे पर्दाफाश किया कि कलम भी लिखते-लिखते कुंद हो गई।

रिंकी-पिंकी ने सबसे पहले तो नाम बदलने का अनुरोध किया। दोनों से यह मुलाकात समाचार चैनल इंडिया टीवी के मुम्बई दफ्तर में हुई थी। वे न केवल बुरी तरह आहत थीं, बल्कि गुस्से और क्षोभ से भरी हुई थीं। रिंकी-पिंकी ने मालाड स्थित अरुणा डांस बार के मालिकों, रमेश शेट्टी और जगदीश शेट्टी के खिलाफ बदसलूकी, मारपीट, जबरन वेश्यावृत्ति के लिए दबाव डालने जैसे दर्जनों आरोप जड़े।

रिंकी कहती है, ''ठीक है साब कि हम लोग बार गर्ल हैं। पन क्या हम लोक जिन्दा इनसान नईं हैं? क्या हम लोक लड़की नईं हैं? क्या हम लोक का इज्जत नहीं है? इज्जत का ठेका अमीर लोक ने ही ले रखा है क्या?''

महाराष्ट्र के छोटे-से गाँव की दोनों बहनें मुम्बई में कुछ सपने लेकर आई थीं। सपने भी कोई बहुत बड़े नहीं। बहुत छोटे-छोटे से। उनके पेट की भूख जितने ही छोटे। उन्हें पता चला था कि मुम्बई के किसी डांस बार में काम करने पर न केवल अच्छी कमाई होती है बल्कि खुशनुमा जिन्दगी बसर करने के हालात बन जाते हैं। बस यही छोटा-सा इरादा लेकर वे मुम्बई काम करने आईं। उन्हें किसी ने बताया था कि मुम्बई के डांस बारों में तन की तिजारत जरूरी नहीं है। जो लड़कियाँ खुशी से किसी के साथ जाएँ, तो चलता है। जो नहीं जाना चाहतीं, उन पर कोई दबाव नहीं डालता।

''पन मुम्बई में आके तो सब बदल गया। मुम्बई कूँ जईसा बोलते, वईसा है नईं। इदर शेट्टी लोक सब होटल पे बैठा है। आमचा मराठी माणुस पुलिस में है, पन वो भी उनका साथ देता है। पुलिस वाला का घर में भी तो बहन-बेटी होएंगा, वो लोक हमारा तपलीक क्यूँ नईं समझता?'' पिंकी—रिंकी के दिलों से बहते दर्द के दरिया में पानी नहीं, आँसू थे।

लगातार बह रहे आँसुओं की खारी धारा के साथ-साथ जीवन के खारे अनुभव भी सामने आ रहे थे। उन्होंने बताया कि अरुणा बार के मालिकों, रमेश शेट्टी और जगदीश शेट्टी के अलावा उनके खास आदमी सचिन समेत एक अज्ञात व्यक्ति ने उनसे बुरी तरह मारपीट की थी। उनके साथ हैरान कर देने वाली लेकिन पुलिस द्वारा आम तौर पर इस्तेमाल की जाने वाली गाली-गलौज की भाषा इस्तेमाल की थी। इन चारों ने रिंकी-पिंकी की सोने की चेन भी छीन ली थी। मालाड थाने में इन दोनों बहनों ने एक शिकायत में चारों के खिलाफ ये आरोप भी दर्ज करवाए थे।

रिंकी-पिंकी ने बताया कि ग्राहकों के साथ शारीरिक सम्बन्ध बनाने के लिए बारमालिक उन पर लगातार दबाव बनाए हुए था। वे जब ऐसा करने से इनकार करतीं, तो उनके साथ बेतहाशा बदसलूकी होती। ''बोलो साहेब, ऐईसा करेंगा तो

क्या करने का? हम उसका बार में डांस करने को आया, वो हमको धन्धे पे बैठने को बोला। उसका बार में कुछ छोकरी धन्धा करता है। हम नहीं कर सकता। क्यों करने का? आई बोली थी—इज्जत से बढ़ के कुछ नहीं।'' पिंकी की आँख से एक बूँद आँसू ढलक कर फिर गालों पर फिसलता चला गया। यह देख रिंकी ने उसका हाथ पकड़ लिया तो वह कुछ संयत हुई।

रिंकी-पिंकी ने बताया कि वे 4 सालों से इसी डांस बार में काम कर रही थीं। इस दौरान हर दिन 20 से 50 हजार रुपए तक इस डांस बार के लिए दोनों कमाती रहीं। कभी कम पैसे आएँ तो भी बारमालिक उनके साथ रियायत नहीं करता था। मुझे यह समझ नहीं आया कि इतना पैसा मिलने के बाद तो बारमालिक को खुश होना चाहिए, वो अत्याचार क्यों करेगा भला?

''पैइसा का भूख किसका कम हुआ है साब? हम तो गरीब लोक है। हमारा तो पेट भी छोटा है, भूक भी छोटा है। पइसा वाला का तिजोरी भी बड़ा होता है, उसका भूक भी बड़ा होता है। उसकूँ और पइसा मंगता था।'' रिंकी से जवाब मिला।

रिंकी-पिंकी के मुताबिक 17 और 18 दिसम्बर को हद हो गई। उस दिन न अच्छे ग्राहक आए, न अच्छी कमाई हुई। यह देख मालिक बुरी तरह बिफर गए। उन्होंने कहा कि ग्राहकों को अगर वे जिस्म नहीं परोसेंगी, तो कमाई कम होगी ही। उन्हें छोटे और उत्तेजक कपड़े पहनने होंगे, जिससे ग्राहक उन पर अधिक पैसे लुटाएँ। बार में बार-बार आएँ। लड़कियाँ जितने छोटे कपड़े पहनती हैं, ग्राहक उतने खुश होते हैं। वे पक्के ग्राहक बन जाते हैं। कोई साथ ले जाना चाहे तो उनके साथ जाने पर ग्राहकी और पक्की हो जाती है।

रिंकी-पिंकी ने बारमालिकों की दोनों बातें मानने से इनकार कर दिया। इन बारबालाओं ने आरोप लगाया कि उनका इनकार सुन कर बारमालिकों का गुस्सा सातवें आसमान पर जा पहुँचा। अपने दो कारिंदों को उन्होंने बुलाया और उनकी पिटाई शुरू कर दी।

वे जब बुरी तरह पिट चुकीं तो बारमालिकों ने उन्हें हिदायत देकर छोड़ा कि उनका कहना न माना तो इससे भी बुरी गत बना देंगे।

बुरी तरह बेइज्जत रिंकी-पिंकी करीब स्थित पुलिस चौकी में शिकायत दर्ज करने गईं। वे चौकी पहुँचतीं, उसके पहले बारमालिक का फोन चौकी में मौजूद पुलिस अधिकारी को पहुँच गया था।

अब रिंकी-पिंकी के साथ और भी बुरा हुआ। पुलिस अधिकारी ने दोनों को रात 2 से सुबह 5 बजे तक चौकी में बैठाए रखा। ''हम उनकू बार-बार बोलती रही कि हमें दरद हो रहा है। हमें दवा लेने का है। पन वो सुनताईच नईं था। वो पुलिस साब तो हमको गाली देता था।''

थोड़ी देर में बारमालिक भी पुलिस चौकी आ पहुँचा। उसने पहले पिंकी-रिंकी के खिलाफ शिकायत दर्ज करवाई कि इन दोनों ने उस पर हमला किया। जब दोनों लड़कियों ने अधिकारियों से उनकी शिकायत पहले दर्ज करने के लिए कहा तो उनसे चौकी में भी बदसलूकी हुई।

पिंकी-रिंकी ने दावा किया कि जब वे पुलिस चौकी गईं, तब वहाँ सिर्फ तीन पुरुष पुलिसकर्मी थे। एक भी महिला पुलिसकर्मी न थी। उनकी शिकायत भी पुरुष पुलिसकर्मी ने लिखी। रिंकी-पिंकी जो लिखाना चाहती थीं, उसने वो कुछ नहीं लिखा। उसने अपनी मर्जी से एफआईआर ली।

''हम दोनों बोलते ही रह गए लेकिन पुलिस साहेब कुछ नहीं सुना। वो हमकूँ बोंब मारता था। बोलता था तुम सब छोकरी चोर होता है। तुमकूँ जेल में सड़ाएँगा। हम पहले ही मार खाया था, ऊपर से पुलिस का बोंबाबोम चालू था। क्या करने का साब ऐइसा में ? अपना गाँव इससे अच्छा साब। मजूरी करके भी पेट भरने का रोटी मिलता है साब।''

रिंकी-पिंकी ने बताया कि उनका मालिक हर दिन कम से कम 25 लड़कियाँ बार में रखता था जबकि सरकार के प्रतिबन्ध के तहत किसी बार में दो से अधिक बारबालाएँ नहीं रह सकती थीं। वे नाच भी नहीं सकती थीं। मालिक रात 1.30 बजे के बाद आधी लड़कियों को घर जाने देते लेकिन कुछ लड़कियों के साथ सुबह 5 बजे तक नाच-गाना चलता था।

लड़कियों ने दावा किया कि पुलिस अधिकारी और बारमालिक मिले हुए हैं। वे बार पर छापा मारते ही नहीं हैं क्योंकि उन्हें तगड़ा हफ्ता पहुँचता है। ''साब लोक को पइसा मिलता है। रोज रात कूँ खाना और दारू भेजता है शेट्टी लोक। कबी-कबी तो छोकरी लोक को बी बोलता है उनकूँ खुश करने का। दो-चार छोकरी है, जाता है साब लोक के पास। जिसका पइसा चाटता है, उसका गुलामी तो करेंगा न साब।''

पिंकी-रिंकी ने बताया कि कभी डीसीपी या सोशल सिक्योरिटी ब्रांच का विशेष दस्ता छापामारी करता भी था, तो सभी लड़कियों को बार के ऊपर वाली मंजिल में स्थित कई कम्पनियों के दफ्तरों और बार के ही कैश काउंटर के पास बने एक गुप्त कमरे में छुपाते हैं।

वे बताती हैं कि वो छोटा-सा बदबूदार कमरा है। एक साथ 10 से 15 लड़कियों को वहाँ ठूँस देते हैं। उसमें थोड़ी देर में ही दम घुटने लगता था। पीने का पानी भी नहीं होता था, खाना तो दूर की बात है। अन्दर शौचालय भी नहीं है। छापामारी का काम अगर छह या आठ घंटे तक चलता रहा तो भी लड़कियों को उस गोपनीय तहखाने से बाहर निकलने की इजाजत नहीं होती थी। उन्हें कितनी भी जोर से पेशाब लगा हो, दरवाजा नहीं खोला जाता था। कई दफा यह भी हुआ कि कमरे में

रखी प्लास्टिक की बोतलों में लड़कियों ने पेशाब किया। छापा पूरा होने के बाद जब वे बाहर निकलतीं तो लगभग मरी-सी हालत में होती थीं। कमरे में रोशनदान या खिड़की न होने से वहाँ साफ हवा नहीं आती है। पंखा और एसी भी नहीं लगा है। उनके लिए वहाँ बातचीत करने पर भी पाबन्दी थी। सबको फोन भी साइलेंट मोड पर ही रखने होते थे।

पिंकी-रिंकी ने दावा किया कि सोने की चेन और पेंडेट छीने गए लेकिन पुलिस अधिकारियों ने होटल मालिकों को न गिरफ्तार किया, न उनके लूटे हुए सोने के जेवर वापस दिलवाए। अधिकारी लगातार उन पर दबाव डालते रहे कि जैसा होटल मालिक बोलते हैं, पिंकी-रिंकी को वैसा ही करना होगा।

दोनों बहनें बताती हैं कि होटल मालिक चोरी करने में कितने उस्ताद होते हैं। इनके मुताबिक होटल में हर दिन वे 20 से 50 हजार रुपए की कमाई करती रहीं। डांस बारों का यह तय नियम है कि न्यौछावर से जो भी कमाई होती है, उसका 60 फीसदी हिस्सा होटल मालिक बारबाला को देता है। अधिक पैसे न देने पड़ें इसलिए होटल मालिक उनके डिब्बों में रखी रकम का 70 से 80 फीसदी तक हिस्सा पहले ही गायब कर देते थे। बची रकम रात-भर की कमाई दिखाकर उसका 60 फीसदी हिस्सा देकर रवाना कर देते हैं।

दोनों बारबालाओं के दिल से बहते दर्द में परिवार की मजबूरी का अक्स साफ दिखता था। पिंकी कहती है, ''पेट की खातिर इदर काम करने को आए साब। हमारे घर-खानदान के लोगों को ये नहीं मालूम कि हम ये धंदा करती हैं। घर से मजबूर हैं, पैसे से मोहताज हैं, पन हम लोग वैसे नईं हैं। हम लोगों के सामने नाच सकती हैं लेकिन मारपीट नहीं झेल सकती है। हम लोग कोठेवाली नहीं हैं। अब हम वापस गाँव चली जाएँगी, नईं तो मुम्बई में चार घर का झाड़ू-कटका करके गुजारा करेंगी, पन वो काम नहीं करेंगी जो शेट्टी चाहता है।''

सुबकती और सिसकती दोनों लड़कियों ने वह दोपहर इतनी भारी कर दी कि कई-कई दिनों तक उनकी शक्ल आँखों के आगे घूमती रही। मेने जहन में एक सवाल बार-बार कौंध रहा था कि क्या बारबालाएँ ऐसी भी होती हैं? वे कितना सच बोल रही थीं, क्या पता। न जाने क्या बात थी कि मेरा मन यह मानने के लिए तैयार न था कि वे झूठ बोल रही थीं।

इतने सालों तक तमाम कोठों और डांस बारों के चक्कर लगाते रहने के बाद कभी ये नहीं समझ पाया कि कौन लड़की झूठ बोलती है, कौन सच। यह बात लेकिन अच्छी तरह जान गया कि कोई लड़की अगर चकला मालकिन या बारमालिक से बगावत कर रही है, तो अंजाम जानती है। बगावत के साथ ही यह तय हो जाता है कि वह अब इस धन्धे से बाहर होगी, या दुनिया से।

पिघला सीसा

यह तो बारबालाओं की जिन्दगी का अहम हिस्सा है। ताहिरा बेगम सईद की भी जिन्दगी में कुछ ऐसा ही हुआ। जिन्दगी की कँटीली—पथरीली राह पर पैर जमा-जमाकर चल रही ताहिरा की जिन्दगी में एक दिन ऐसा शख्स आया, जिसने वादा किया कि जहाँ उसके कदम पड़ेंगे, वह अपना जिस्म बिछा देगा और उसे एक काँटा भी नहीं चुभने देगा। अचानक न जाने क्या हुआ कि वही इनसान ताहिरा की जिन्दगी का सबसे तीखा शूल बन गया। उसने एक दिन ऐसा कुछ कर दिया कि ताहिरा का जिस्म और दिल छलनी होकर रह गए। उसके जिस्म में पैबस्त हुए पिघले सीसे ने तन और मन दोनों जमा दिए।

उसकी उम्र 24 साल की थी। हरे रंग की आँखों वाली वह युवती अपने ही प्रेमी की चलाई गोली का निशाना बनती है। उसका नाम है ताहिरा बेगम सईद। बीयर बार में नाचने वाली इस लड़की के साथ हुआ हादसा, किसी हिन्दी फिल्म के दहशत पैदा करने वाले दृश्य जैसा है।

यह बात है 11 जून, 2003 की रात सवा बजे की। ताहिरा को उसका भाई मुशीर और मुनीर शब्बीर शेख उठाकर ले जाते हैं। नायर अस्पताल में इलाज के लिए भर्ती करते हैं। यहाँ उसके पैर से गोली निकाली जाती है। बाद में उसे एक निजी अस्पताल में भर्ती किया जाता है।

इस घटना के पहले नौ सालों से ताहिरा बीयर बारों में नाचकर लोगों को 'खुश' करने का काम कर रही थी। उत्तर प्रदेश के सबसे विख्यात शहर आगरा की यह लड़की कोई 10 साल पहले मुम्बई आई थी। अपने दोनों भाइयों के साथ रहने लगी। बार में नाचकर आजीविका कमाने लगी। अपने भाइयों की परवरिश करने लगी।

कितना कमाती थी वह?

जानकर आश्चर्य न करें। हर माह वह 15 से 20 हजार रुपए कमा लेती थी।

वह अपने काम से सन्तुष्ट थी, उसे नाच–गाने से प्यार था, उसे लगता था कि इस काम में मजा है। वह लोगों की निगाहों का मरकज थी। खुद पर उड़ते नोटों की बारिश के बीच उसका जिस्म और पाँव जितनी तेजी से नहीं थिरकते थे, उससे कहीं अधिक तेजी से उसकी आत्मा में थिरकन होती थी।

सईद सैयद से ताहिरा की मुलाकात आठ साल पहले उपनगर के एक बीयर बार में हुई थी। ताहिरा नाचती थी, सईद उसे देखने आता था। यहीं दोनों में प्रेम हुआ। एक दिन सईद ने ताहिरा के सामने अपनी मुहब्बत को रिश्ते में बदलने की ठानी।

''तू मेरे साथ चल न।''

''क्यों?''

''हम साथ रहेंगे। तुझसे निकाह करूँगा।''

''चल हट, चार दिन की चाँदनी है तेरी।''

''मैं वैसा नहीं हूँ। तेरे पर मेरा दिल आ गया है। तू मेरे साथ रहेगी न तो दुनिया भर का प्यार दूँगा तुझे।''

''प्यार तो तू अभी भी देता है मुझे, नया क्या देगा?''

''बेटा चाहिए कि बेटी?''

''चल हलकट, तेरा बेटा—बेटी पैदा करने को मैं नहीं है।''

''पर तू मेरे साथ रहेगी तो तेरा क्या जाएगा। सुन, मैं कमा के लाएगा, तू ऐश के साथ घर पर रहना। हम दोनों मिलकर एक घर बनाएँगे। तू मेरी, मैं तेरा।''

''सोचेगी।''

''सोच मत, अभी जवाब दे। मैं आज जवाब ले के जाएगा।''

दोनों प्रेमियों ने तय किया कि उन्हें निकाह करना चाहिए।

क्या ऐसा होता है कि बारबालाएँ शादी करती हैं?

इसका जवाब है—आम तौर पर ऐसा नहीं होता। अगर गलती से ऐसा हो भी जाए तो, या उनको काम छोड़ना पड़ता है, या फिर शादी टूटते देर नहीं लगती।

किसी नामालूम कारण से ताहिरा ने सईद से शादी नहीं की। उपनगर अँधेरी के आदर्श नगर की एक इमारत में सईद के फ्लैट में वह रहने लगी। उनके बच्चे हुए। दो बेटे, एक बेटी। अब तक लम्बा समय बीत चुका था।

सईद को लगने लगा कि ताहिरा को बीयर बार में नहीं नाचना चाहिए। उसने ताहिरा को यह काम छोड़ने के लिए कहा। जिस काम से वह हजारों रुपए कमा रही थी, पूरी आजादी से रहती थी, उसे अचानक छोड़ने का खयाल भी ताहिरा को दूभर लगा।

ताहिरा से सईद कहता रहा कि वह काम छोड़ दे, वह उसकी बात सुनती जरूर लेकिन एक कान से सुन कर दूसरे से निकाल देती थी।

''ताहिरा, मैंने तुझे कहा न कि ये काम छोड़ दे तू?''

''तू अपनी क्यों चलाता है? मेरी क्यों नहीं सुनता?''

''क्यों सुनूँ?''

''मैं भी तेरी क्यों सुनूँ?''

''अरे तू ऐसा उलटा क्यों बोलती है मेरे साथ?''

''तो कैसे बोलेगी? रोज एक ही रट लगा के रखा है। धन्धा छोड़, धन्धा छोड़। धन्धा को छोड़ने का?''

''मैं कमा के लाता है न? वो तुझे पूरा नहीं पड़ता क्या? तू बोल अब्बी, मैं और भी लाएगा। तू बोलेगी उतना पैसा लाके देगा। पर तू ये काम बन्द कर अब।''

''क्यों?''

''दूसरे लोग तेरे को देखते हैं, तुझे हाथ लगाते हैं, तेरे बारे में बात करते हैं, मुझे अच्छा नहीं लगता।''

''क्यों?''

''अरे तू मेरी है।''

''तेरी कहाँ से हूँ? निकाह तो पढ़ा नहीं तूने मुझसे।''

''तो चल आज ही निकाह पढ़वाता हूँ मौलवी साहब को बोल के।''

''हो गया तेरा पुराना राग चालू। बच्चे कर लिए, अब तू निकाह पढ़ेगा। सुन सईद, मैं जब तक शरीर में शान है, पाँव में जान है, धन्धा करेगी। तू टाइम खोटी मत कर, न तेरा, न मेरा।''

''एक दिन पछताएगी तेरी इस जिद पर।''

''जब पछताना होगा. तो वो भी कर लूँगी। तेरा क्या?''

सईद भुनभुना कर रह गया। ताहिरा अपने काम में मशगूल रही। सईद को अब ताहिरा की काम पर जाने की जिद अखरने लगी थी। वह ताहिरा को टोकने लगा। दोनों में विवाद होने लगा। अब ताहिरा पर सईद गाहे-गबाहे हाथ भी उठाने लगा।

ताहिरा जानती थी कि उसने क्या गलती की है।

ताहिरा को बहुत देर से पता चला था कि उसने इलाके के एक नामचीन गुंडे सईद के साथ रहना स्वीकार किया था। उसके परिणाम भोगने के दिन करीब आ गए थे। वह इस मारपीट और जोर-जबरदस्ती से परेशान होने लगी थी।

एक दिन ताहिरा ने सईद का साथ छोड़ने की ठान ली। वह जानती थी कि अगर उसने काम छोड़ दिया तो उसके भाइयों और बच्चों की परवरिश में परेशानी खड़ी हो जाएगी। उसने सईद को छोड़ना ही ठीक समझा।

ताहिरा इस बात से भी बेहद परेशान थी कि उसके बच्चों और भाइयों की परवरिश में सईद न कभी हाथ बँटाता था, न ही उनकी जिम्मेदारी लेना चाहता था। ताहिरा के पैसों से वह सिर्फ अयाशी करता था।

"तू ऐसा नहीं करेगी।"

"क्यों नहीं करेगी?"

"जानता है न मैं कौन है?"

"मवाली है। गुंडा है। भाई है।"

"तुझे डर नहीं लगता?"

"डर लगता तो तेरे जैसे हजार लोगों के बीच रोज नाचती नहीं। दारू के गिलास गटागट पीने के लिए पेश नहीं करती।"

"तू मेरी है, सिर्फ मेरी। किसी और के पास जाने का नहीं। सोचेगी भी तो तेरा काम खल्लास करेगा।"

"तू मेरा काम क्या खल्लास करेगा, खुद पहले सँभल ले। कमाना तो तूने पहले ही छोड़ दिया है। मेरे पैसों पे ऐश कर रहा है। दारू पीता है। गाड़ी घुमाता है। कपड़ा खरीदता है।"

"काम नहीं है तो क्या करेगा?"

"तो काम खोज। तेरे बच्चों का बोझ मैं उठाती है। मेरे भाइयों की परवरिश भी मेरी जिम्मेदारी है। तू कुछ नहीं करेगा तो इन सबका खयाल रखना मुझे ही पड़ेगा। मेरे रास्ते में मत आ। तुझे जो करना है कर लेकिन मेरे घर में तेरा आना बन्द। अब तू तब आना, जब बच्चों की परवरिश की ताकत हो। नहीं तो नहीं।"

1994 में सईद का साथ ताहिरा ने छोड़ दिया। उसका घर छोड़ दिया। इसके बाद भी दोनों के सम्बन्ध पूरी तरह खत्म नहीं हुए। वे बाद में भी मिलते रहे लेकिन सम्बन्धों में वह उष्णता नहीं रह गई थी।

वह 11 जून, 1998 की रात 1.15 बजे का वक्त था। सईद पहुँचा ताहिरा के नागपाड़ा वाले घर में, जहाँ बच्चों और भाइयों के साथ वह रहती थी। सईद ने पीने के लिए एक गिलास पानी माँगा। वह छोटा-सा कमरा था, जिसमें सईद की आवाज सुन कर ताहिरा की नींद तुरन्त खुल गई। सईद ने देखा कि ताहिरा जाग गई है।

"ताहिरा, चल। अपने घर चल।"

"इस वक्त?"

"वक्त क्या होता है? अपने घर जाने का कोई वक्त नहीं होता।"

"तुम जाओ सईद, ये सही समय नहीं है।"

"तुझे चलना पड़ेगा।"

"कल बात करेंगे। अभी तुम जाओ।"

"नहीं, तुम मेरे साथ अभी चलोगी।"

"मैं कहीं नहीं जा रही।"

ताहिरा ने मना किया तो सईद गुस्से में वहाँ सोए एक बच्चे को जगाने लगा। वह शायद उसे अपने साथ ले जाना चाहता था। दबाव डालने का यही तरीका उसे

सूझा होगा। ताहिरा ने विरोध किया कि वह बच्चे को नहीं ले जा सकता। सईद ने जब यह सुना तो उसके तनबदन में आग लग गई। उसने ताहिरा को गालियाँ देनी शुरू कर दीं तो ताहिरा ने भी उसे एक पर एक जवाब दिए।

''तेरी इतनी औकात हो गई कि मुझसे जुबान चलाएगी।''

''तेरी क्या औकात है जो ऐसी बात बना रहा है। चल बाहर निकल अभी यहाँ से, नहीं तो सबको बुलाती हूँ। तेरी औकात दिखा देंगे सब लोग मिलकर।''

''मेरा रिकॉर्ड पता है न तुझे?''

''सब पता है। हीजड़ों के बीच मरद बना घूमता है।''

''तू मुझे ललकार रही है?''

''कितने दिनों से ललकार रही हूँ। क्या कर लिया तूने मेरा?''

''देख मेरी मुहब्बत को कमजोरी मत समझ।''

''मुहब्बत होती तो अब तक चाँद-तारे तोड़ कर जमीन पर बिछा दिए होते तूने मेरे लिए। अपना जिस्म दिखा-दिखाकर कमा रही हूँ। तुझे कोई शरम है कि नहीं?''

''मैं कहता था धन्धा छोड़ दे तो क्यों नहीं छोड़ी?''

''पता था कि तू एक दिन धोखा देगा, इसलिए नहीं छोड़ी। मेरी कमाई बन्द हुई नहीं कि पाँव की जूती बना लेगा, इसके लिए नहीं छोड़ी।''

''ये बोल न कि हर रोज नए के साथ जाने और सोने का शौक है तुझे।''

''तो तू कौन-सा दूध का धुला है? तेरा तो बस नहीं चलता, हर घर में एक लड़की रखे तू तो। उनके पैसों पर मजा करेगा।''

''मेरा मगज खराब मत कर बोला तुझे।''

''तेरा मगज है कहाँ, जिसे खराब करूँ। जा निकल यहाँ से।''

इस विरोध से ज्वालामुखी बन चुके सईद ने जेब से मौत बाँटने वाला पुराना खिलौना यानी रिवोल्वर निकाल ली। उसने रिवोल्वर का रुख ताहिरा की ओर किया, एक गोली दाग दी। ताहिरा ने बचाव में एक तकिया उठाया लेकिन उसे पता न था कि गोलियाँ तकियों से नहीं रोकी जातीं।

गोली चला कर सईद तो वहाँ से तुरन्त भाग निकला लेकिन उसकी पिस्तौल के दहाने से निकला पिघला सीसा ताहिरा की जाँघ में जा समाया। पहले तो ताहिरा की समझ में ही नहीं आया कि उसके साथ क्या हुआ है। चन्द सेकंड बीते होंगे कि अचानक उसकी जाँघ में दर्द की सुनामी उठी। वह कराह कर जमीन पर धराशायी हो गई। उसे दोनों भाइयों ने मिलकर किसी तरह तुरन्त अस्पताल पहुँचाया। वहाँ उसका इलाज हुआ।

सईद की गोली से घायल होने के सप्ताह-भर पहले ही ताहिरा नागपाड़ा पुलिस थाने गई थी। उसने सईद को गिरफ्तार करने की माँग रखी थी क्योंकि उसने

ताहिरा को बुरी तरह पीटा था। इस मारपीट में ताहिरा बुरी तरह घायल हुई थी। उसकी बाँह में चोट भी लगी थी।

पुलिस ने इस मामले को बड़ी लापरवाही से लिया। उन्होंने सईद पर कोई सख्ती नहीं की। न उसे गिरफ्तार किया, न ही उसे बुला कर डाँट-फटकार लगाई। सईद जानता था कि मुम्बई पुलिस का ऐसे मामलों में रवैया बड़ा ही खराब होता है। ऊपर से ताहिरा तो बारबाला थी, पुलिस उसकी किसी बात पर भरोसा करने वाली नहीं थी। सईद तो रोज ही पुलिस से आँखमिचौली खेलता था, उसे क्या फर्क पड़ता अगर कोई अधिकारी उसे बुला कर डाँट-डपट कर देता या दो-चार थप्पड़ ही लगा देता।

पुलिस ने हत्या की कोशिश का मामला दर्ज कर छानबीन शुरू की। किसी बारबाला पर हमले या उसकी हत्या की कोशिश का मामला उनके लिए नया नहीं था। जाँच अधिकारी मानते थे कि सईद और ताहिरा किसी गलत काम में लगे थे। सईद पहले से उनकी आदतन अपराधियों की सूची में था। उसके खिलाफ जो सबसे ताजा मामला दर्ज हुआ था, वह 1996 में ओशिवारा इलाके में धनराज ज्वेलर्स को लूटने का था। वह जमानत पर छूटा हुआ था।

एक बारबाला की यही जिन्दगी है। उसके साथ कभी भी-कहीं भी कोई हादसा हो सकता है। ताहिरा को यह समझ नहीं आ रहा था कि उसे सईद ने गोली क्यों मारी। शायद यह बात वो कभी न समझ सके।

सच तो यह है कि बार में नाचने वाली लड़कियों में वह कोई पहली नहीं है, जिसे यह सब भोगना पड़ा।

मदहोश

काजल मेघानी उसका असली नाम नहीं है। कारनामे जो वह करती रही है, वे जरूर असली हैं। वह गिरोहों और गिरोहबाजों के संसार की सबसे मोहक, दिलकश, सुन्दर अपराधिन है। वह एक गिरोहबाज के इश्क की शराब पीकर ऐसी मदहोश हुई कि जब तक होश में आती, रक्त के दलदल में गले तक जा धँसी थी। उसकी हरकतों से न केवल ठाणे जिले बल्कि मुम्बई की पुलिस भी हैरान हो चुकी थी। उसने हत्याओं से लेकर हफ्तावसूली तक क्या नहीं किया और करवाया था। वह देश के सबसे दुर्दान्त गिरोहबाजों में से एक सुरेश मंचेकर के सुपारी हत्यारे दीपक की माशूका थी। उसके बारबाला अवतार से गिरोहबाज बनने तक की पूरी दास्तां बड़ी हैरतअंगेज है।

पूरा माहौल बड़ा मदहोश कर देने वाला था। इस दिन तो मामला कुछ अधिक ही रंगीन था। शराब की गंध के साथ ही सिगरेट का धुआँ भी वहाँ की हवाओं में घुला हुआ था। उनकी गंध से किसी को तकलीफ नहीं हो रही थी। सब मदहोश थे। शराब का नशा था। शबाब का नशा था। और उन सब पर करारे नोटों का नशा सबसे अधिक तारी था।

घाटकोपर के उस भड़कीले डांस बार के नाचघर में तमाम बारबालाएँ काजल (नाम परिवर्तित) की किस्मत पर रश्क कर रही थीं। एक सजीला-सा अमीर लड़का काजल को जब भी पास बुलाता, 500 का एक नया निकोर नोट हाथों में रख देता। बल खाती, इठलाती काजल इस तरह उसके पास जाती, मानो सारी दुनिया का प्यार अकेले उसी के लिए आज तक छुपा रखा था।

काजल भी उस चाहने वाले पर बलिहारी हुई जा रही थी। उसका गदराया जिस्म हवा में बार-बार इस तरह लहरा रहा था कि सबकी निगाहों का मरकज बनी हुई थी। जब भी वह इतराती उस लड़के की तरफ जाती, कुछ के मुँह से आह निकल जाती, कुछ के सिसकारियाँ, कुछ के गालियाँ।

काजल को पता न था कि चन्द घंटों की यह मुलाकात और मुस्कुराती भाग्यलक्ष्मी, उसे ऐसे नीम अँधियारे में धकेलने जा रही है, जहाँ से वापसी कतई सम्भव नहीं।

जिस सजीले युवक ने काजल पर कागज के चन्द टुकड़े न्यौछावर किए और अपना मुरीद बनाने में कोई कसर नहीं छोड़ी, वह कोई और नहीं मंचेकर गिरोह का सिपहसालार दीपक मेघानी था।

''तेरा नाम क्या है?''

''काजल।''

''असली नाम बोल।''

''यही असली है।''

''बार वाली होके तू असली नाम तो बताने वाली नहीं है।''

''तेरे साथ गलत नहीं बोलेगी मैं।''

''मेरे साथ भी उसी तरह बोलेगी तू।''

''क्यों?'' कँटीली आँखें घुमाकर बड़ी अदा से काजल बोली।

''बारवाली है ना।''

''बारवाली है, पन लड़की भी है। एक बार किसी को प्यार किया तो उससे झूठ नहीं बोलती है।'' मुँह फुलाकर रूठने के अन्दाज में काजल ने कहा।

''पहले कितनी बार प्यार किया है, कितनी बार सच बोली है?''

''पहली बार प्यार किया है, पहली बार सच बोला है।''

''ठीक है, भरोसा किया तेरी बात पर। अब तू मेरी बात सुन।''

''बोल ले तू भी।'' काजल ने इठलाते हुए अपनी चोटी में हाथ फिराते हुए कहा तो दीपक भी निहाल हो गया।

''मैं क्या करता है, तेरे कूँ पता है क्या?''

''पक्का नईं पता। शेट्टी बोल रहा था, तू भाई है।''

''सही बोला।'' अक्खड़ लहजे में दीपक बोला और अब तक पैंट के पीछे छुपी अपनी विदेशी पिस्तौल निकालकर टेबल पर रख दी। यह देखकर काजल के होश उड़ गए।

''ये क्या है?''

''सामान।'' ये कुछ गर्व से भरे स्वर थे।

''सामान बोले तो, गन है ये।''

''तो मैं क्या तुतारी लेके घूमेगा?'' दीपक अब कुछ चिढ़ा।

''इसका क्या करता तू?'' काजल की नासमझी पर दीपक को समझ नहीं आया कि क्या कहे। वह झुँझला गया।

''गेम करता हूँ, गेम। महाराज के लिए काम करता हूँ मैं।''

"महाराज कौन?"
"जाने दे, तू नहीं समझेगी?"
"जाने दे, मैं समझ के करेगी भी क्या। मुझे तो तेरे से मतलब है।"
"मेरा एक काम करेगी क्या?"
"एक छोड़, पाँच बोल।" अब इठला कर काजल बोली। उसे लगा कि आज की रात रंगीन करने का मर्दों वाला वही पुराना काम बोला जाएगा।
"तू जो समझ रही है, वो नहीं मंगता है अपुन को।"
"तो?" काजल ने आँखें चौड़ी कीं।
"तुझे पटना जाना है। उदर से दूसरा शहर जाने का है।"
"कायकूँ?"
"बोल मत जास्ती। उदर जाएगी तो अपना एक दोस्त मिलेंगा, तुझे एक पारसल देंगा, तू ले के वापस आ जा।"
"मेरा क्या फायदा?" काजल ने उसके गालों पर चिकोटी काटी।
"अभी तो बोली कि प्यार करती है मुझे।" नकली गुस्से में दीपक ने कहा।
"प्यार करती है, काम नहीं। प्यार बोला तो काम कायकूँ बोलता है?"
"तू काम कर, खुश कर दूँगा।"
"तुम मरद लोग सब एक जैसा हलकट है। बाद में बिस्तर पर ले जाके चार धक्के लगाएँगा और बोलेंगा, खुश कर दिया।"
"वो भी करेगा, गांधी बापू से भी मिलाएगा।" दीपक ने आँख मार कर कहा।

इस दिन के बाद काजल का मंचेकर गिरोह में अधिकृत रूप से प्रवेश हो गया। वह दीपक के साथ मिलकर इस गिरोह के लिए हथियारों की तस्करी का काम करने लगी।

एक माह से कम वक्त में काजल आठ बार बिहार गई। हर बार उसके साथ गिरोह के एक या दो लोग भी होते थे। वे सभी एक परिवार की तरह घूमने जाने के बहाने कभी ट्रेन में जाते तो कभी हवाई जहाज में। लौटते लेकिन हर बार ट्रेन में ही थे।

उन्हें बिहार के इन शहरों में पिस्तौलें मिलती थीं। इन पिस्तौलों को वे तेल के डिब्बों में भर कर लेते थे। तेल के डिब्बे में पिस्तौल रखकर लाने का बड़ा फायदा यह था कि कोई भी इन पर शक नहीं करता था। उनकी जाँच करने के बारे में भी कोई कभी नहीं पूछता था।

काजल ने कुछ ही समय में बिहार की कई यात्राएँ कीं। इस दौरान उसने दीपक के लिए आठ पिस्तौलों की तस्करी की।

काजल की सफलता के कारण गिरोह का सरगना सुरेश मंचेकर उर्फ महाराज बड़ा खुश था। इन सफलताओं ने गिरोह में काजल का नाम काफी ऊपर पहुँचा दिया था। उसे सफलता से काम करने पर मोटी रकम मिलती थी।

"पकड़।"

"ये क्या खुलेआम पकड़-धकड़ कर रहा है तू?"

"अरे मेरी माँ, ये पकड़।" हाथ में पकड़ा एक मोटा-सा लिफाफा दीपक ने काजल के सामने पटका।

"बड़ा मोटा है।" आँखें एक खास अन्दाज में घुमाकर काजल बोली।

"साला चोर चोरी से जाए पन हेराफेरी से न जाए, तू भी सुधरेगी नईं। है न?"

"अब तेरे से तो मज्जाक करने का हक बनता है न मेरा।"

"कर ले मज्जाक। तेरे बदले कोई और होता न, तो अब तक उसी सामान का शिकार बन जाता, जो तू लाई है।"

"क्या है इसमें?" मोटे से लिफाफे को देखकर काजल बोली।

"तेरे आशिक की राख है। साली पाकिट में गांधी बापू के अलावा और क्या होता है—इतना भी नहीं जानती क्या तू?"

काजल ने लिफाफा खोल कर देखा तो उसमें 500 के नोट का एक बंडल था यानी 50 हजार रुपए। खुश तो हुई रकम देखकर लेकिन मुँह बिचकाते हुए बोली, "ये क्या लाया है? इतना ट्रिप मारी है। तू ये पइसा दे रहा है?"

"तुझे मिल तो रहा है, फिक्स वालों को तो ये भी नहीं मिलता।"

"तो मैं कौन है?"

"तू मेरी फिक्स वाली है न, इसके लिए।"

"चल साला, जास्ती शाहरुख खान बनने का नईं।"

काजल और दीपक के बीच जारी प्यार और तकरार के दरमियान मौत का सामान लाने-ले जाने का खेल भी चलता रहा। इस सुन्दर, सुगढ़, सौम्य और मीठी बोली वाली युवती से जल्द ही दीपक ने शादी कर ली।

जब काजल अंग्रेजी में बात करती थी तो कोई कह नहीं सकता था कि यह एक क्रूर अपराधिनी है, बार में नाचने वाली लड़की है, हथियारों की तस्कर है। उसे तो इन सबसे कोई मतलब नहीं था। वह तो बस अपने दीपक के साथ

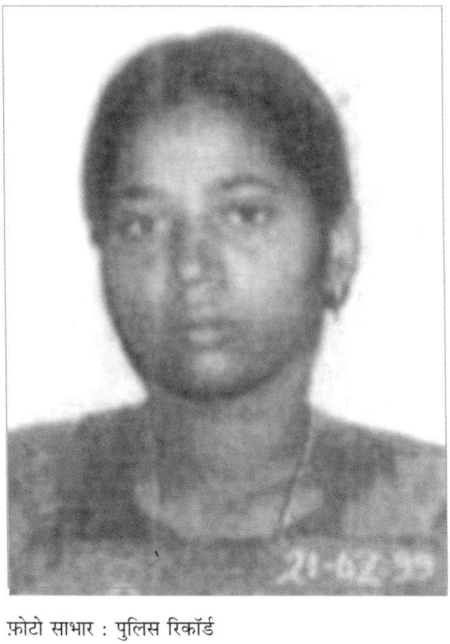

फ़ोटो साभार : पुलिस रिकॉर्ड

जिन्दगी बिताने के सपने देख रही थी। वह तो बस इसी दुनिया में खुश थी।

काजल और दीपक ने तय किया कि वे अब सारा जीवन साथ ही बिताएँगे। सपने देखने का अधिकार तो एक गिरोहबाज को जरूर होता है, लेकिन उसे पूरा करने का नहीं। दीपक ने वही जुर्रत की। उसने भी अपना एक सपना पूरा करने की योजना बनाई। वह अब अपनी काजल के साथ एक घर बनाना चाहता था।

''काजल, बैठ गाड़ी में।''

डांस बार के बाहर खड़ी काजल के लिए यह कोई नई बात नहीं थी। सैकड़ों बार हो चुका था जब दीपक उसे बार के बाहर से कार में बैठा कर ले गया था। आज भी वही हो रहा था।

''चल।'' काजल ने दीपक के पास वाली सीट पर बैठते हुए कहा, ''आज किदर चलेगा?''

''एक खास काम है।''

''सब मरद को एक ही खास काम रहता है, तू भी कर ले वो खास काम।''

''तू सुधरेगी नहीं क्या?''

''तू सुधर गया क्या?'' बदले में काजल ने जुमला जड़ा।

दोनों नोंकझोंक करते रहे। दीपक कार चलाता रहा। काजल उसे तंग करती रही। वे नवी मुम्बई के वाशी इलाके की एक इमारत के अन्दर पहुँचे। दीपक उसे लेकर एक फ्लैट में पहुँचा। शानदार, बड़ा-सा फ्लैट। सुख-सुविधा का हर सामान।

''कौन रहता है इदर?''

''काजल मेघानी—दीपक मेघानी।''

''क्या?'' सहसा अपने कानों पर भरोसा न हुआ काजल को।

''कान में तेल डाल किचन में जाके, तब साफ सुनेंगा तेरे को।'' दीपक ने उसकी पीठ पर धौल जमाई।

''बोले तो ये फ्लैट तू मेरे लिए खरीदा है?''

''तेरे लिए नईं, अपने लिए।'' दीपक ने उसका हाथ पकड़ते हुए कहा।

''बड़ा फास्ट निकला रे तू तो।''

''मैं फास्ट ही है। अब बोल?'' अब क्या बोलती काजल। आँखों में आँसू छलछला आए। उसने तुरन्त दीपक को गले लगा लिया।

उस दिन काजल की खुशी का ठिकाना न रहा। एक लड़की सारी दुनिया बस जिसके जिस्म में दिलचस्पी रखती हो, कोई उसे एक अदद घर दे तो इससे बढ़ कर उसके लिए कुछ नहीं।

दीपक और काजल इस फ्लैट में रहने आ गए। जल्द ही एक सपना पूरा हो गया। कुछ समय में ही मधुमास बीत गया।

काजल को दूसरी बारबाला के साथ हथियार लाने बिहार जाने का आदेश

आया। इस बार मंचेकर के सेनापति पैट्रिक फर्नांडिस उर्फ पेट्टी ने काम सौंपा था। वह काम के लिए गई जरूर लेकिन जब लौटी तब तक बहुत कुछ बदल चुका था। एक गिरोहबाज और सुपारी हत्यारे के लिए एक स्थायी घर हमेशा मौत का फंदा होता है। यही दुर्भाग्य की छाया काजल पर पड़ी थी। 1999 में दीपक को ठाणे पुलिस ने खोज लिया और घेर कर एक मुठभेड़ में मार गिराया।

इसके बाद काजल भी गिरफ्तार हो गई। वह 1999 का ही साल था। जब वह गिरफ्तार हुई, तो उससे जाँच कर रहे पुलिस अधिकारी ने पूछा, ''क्या सोचकर आई थी तुम इस गन्दगी में?''

काजल ने सहज भाव से कहा, ''इसमें बहुत पैसा है साहब। लेकिन जो बात अंडरवर्ल्ड की तरफ सबसे अधिक खींचती है, वह गैंग में मिलने वाला सम्मान और सबके बीच चलने वाला रुआब है। इससे बचना आसान नहीं होता।''

''तो मिल गया सम्मान तुम्हें अब?'' पुलिस अधिकारी ने ताना कसा।

''क्यों?'' एकदम शान्त काजल बोली।

''अब तुम्हारा बाकी जीवन जेल में कटेगा।'' उसने डराया लेकिन काजल के कानों पर जूँ न रेंगी।

काजल ने फिर बड़े आराम से जवाब दिया, ''ऐसा नहीं होगा सर। मैं जेल से बाहर आ जाऊँगी और आराम से रहूँगी। केस चलता रहेगा।''

''दाद देता हूँ तुम्हारे कॉन्फिडेंस को। चलो, देखते हैं।'' वह अधिकारी लम्बी साँस भरकर सामने से उठ गया। उसे पता चल गया था कि काजल अब पक्की गिरोहबाज बन चुकी है। उससे कुछ अधिक उगलवा पाना सम्भव नहीं होगा।

हुआ भी कुछ वैसा ही, जैसा काजल ने बताया था। भले ही दीपक मर गया था, काजल की जमानत करवाने का काम पेट्टी ने किया। वह छूट कर आई तो पेट्टी से मिली।

अब काजल पेट्टी के लिए काम करने लगी। ये खूबसूरत बला पेट्टी के लिए दिल बहलाने के साधन से बढ़ कर 'बेहद सुरक्षित साथी' का दर्जा रखती थी। पेट्टी ने काजल को रक्त के घिनौने खेल में शामिल कर लिया।

''काजल, ये फोटो देख।''

काजल ने फोटो देखने के बाद पेट्टी की तरफ सवालिया निगाहों से देखा।

''ये बिल्डर है। चेंबूर के एक क्लब में रोज बैठता है। तू उससे मिल। उसे अपना दीवाना बना ले। उसे साथ लेकर अपने एरिया में आने का।''

''कब लाने का है?''

''जितना जल्दी होगा, उतना अच्छा। कर लेगी?''

काजल ने उसे इस तरह देखा मानो इस बेइज्जती पर बुरा मान गई हो। यह देखकर पेट्टी मुस्कुराया और जेब से एक हजार के नोटों का बंडल काजल के सामने

रखते हुए बोला, "एडवांस पकड़। काम होने दे। बाद में और देता है।"

काजल ने इस रकम से अच्छे कपड़े और सामान खरीदे। भद्रजनों के बीच आने-जाने लायक व्यवस्थाएँ कीं। इसके बाद क्लब में कुछ दिनों तक गई। बिल्डर ने जब साक्षात एक अप्सरा देखी तो उसे पाने के लिए मचल गया। अप्सरा तो खुद उसके पास जाने के लिए मचली हुई थी। दोनों एक-दूसरे के करीब आ गए। कई दिनों तक दोनों का मिलना होता रहा। काजल ने हर सावधानी रखी कि उसका बिल्डर से सीधा कनेक्शन न बने ताकि जब मामले की जाँच हो तो उसका नाम या पहचान पता न चले।

एक दिन वह बिल्डर को लांग ड्राइव पर साथ लेकर निकली। अभिसार के सपनों में डूबा बिल्डर कार चलाता हुआ, बीयर का ठंडा केन दरवाजे के बॉटल होल्डर में रखे बार-बार चुस्कियाँ लेता रहा। एक सुनसान-सी जगह पर उसने कार रोकी। कुछ ही देर में पीछे से दो कारें आईं। उनमें से एक में पेट्टी था। वह उतर कर काजल के पास आया। बिल्डर की तरफ पिस्तौल करके गोलियाँ चलाईं। बिल्डर ठंडा हो गया।

पहली कार में पेट्टी अपने साथ काजल को लेकर निकल गया। दूसरी कार में बैठे लोग अब उतरे। उन्होंने पूरी कार में अन्दर से साफ-सफाई कर दी। काजल का कोई नामोनिशान न मिल सके, ऐसी व्यवस्था की। कार में एक तीखा सेंट छिड़क दिया। बिल्डर को अन्दर डालकर वे भी चले गए।

अगले दिन अज्ञात लोगों द्वारा बिल्डर की हत्या की खबर प्रमुखता से हर अखबार में छपी लेकिन कभी यह किसी को पता नहीं चल पाया कि यह भयानक हत्याकांड किया किसने था।

तो यह था पेट्टी का नया तरीका। वह हत्या की सुपारी लेता था। अपने शिकारों को काजल के जरिए फँसाकर सुविधाजनक स्थान पर बुलाता था। सुनसान जगह पर अपने शिकार को मार कर गायब हो जाता था। इस नए तरीके से एक तो वह लोगों की निगाह में न आता, दूसरा पुलिस को उसके शिकारों के बारे में कभी कोई सुराग न मिलता।

अपराध कभी फलता नहीं है। यह भी सच है कि अपराधी कितनी ही चालाकी बरते, उसका एक न एक सबूत तो पीछे छूट ही जाता है।

ऐसे ही एक शिकार के साथ एक मुखबिर ने काजल को देख लिया था। जब मामले की जाँच ठाणे पुलिस की अपराध शाखा कर रही थी, एक वरिष्ठ अधिकारी को इस मुखबिर ने बताया कि पेट्टी की खास काजल को उसने दो बार इस शिकार के साथ देखा था।

पुलिस अधिकारियों के पाँच दस्ते अब काजल को पकड़ने के लिए पीछे पड़ गए। उसके हर सम्भव ठिकाने पर छापामारी की। हर उस व्यक्ति को धर दबोचा,

जिसके जरिए काजल तक पहुँच सकते थे। कुछ न हुआ। काजल का कुछ पता नहीं चल रहा था। न जाने उसे जमीन निगल गई, या आसमान खा गया, खुदा जाने क्या हुआ था।

जाँच में लगे एक वरिष्ठ अधिकारी ने बताया, ''इन दोनों का साथ बड़ा कारगर और मारक रहा। वह लड़की विरोधी गिरोह के तीन सदस्यों को फँसाकर ठाणे या घाटकोपर के एकांत स्थलों पर लाने में कामयाब रही, जहाँ पेट्टी ने उन्हें आसानी से मारा था।''

काजल अपना शिकार किसी बार या क्लब में फाँसती थी। वह ऐसा अभिनय करती कि उनके प्यार में पागल है। उनका विश्वास हासिल करती। किसी एकांत-अज्ञात स्थान पर उन्हें बुलाती। वहाँ पेट्टी नामक यमदूत पहले से मौजूद होता था।

इस अधिकारी के मुताबिक इस खेल में काजल का साथ रीतू तथा सीमा भी देती थीं। वे दोनों भी काजल के साथ कभी डांस बार में काम कर चुकी थीं। दोनों बारबालाएँ थीं। ये तीनों मिलकर ठाणे से कल्याण तक के इलाके के तमाम बिल्डरों की सूचनाएँ जमा करती थीं। उनके टेलीफोन नम्बरों से लेकर परिवार के सदस्यों, उनके घर और दफ्तर, उनके स्कूल और मंदिर, उनके रोजाना आने-जाने के रास्तों जैसी तमाम महीन जानकारियाँ पेट्टी को देती थीं ताकि उनसे गिरोह हफ्तावसूली कर सके। कई बार बिल्डरों के पास वे फ्लैट खरीदने के बहाने से भी जाती थीं और उनके बारे में काफी सूचनाएँ जमा कर लेती थीं। इनके आधार पर पेट्टी बिल्डरों को आसानी से हफ्ते के लिए धमका पाता था।

पुलिस का दबाव जब अधिक पड़ा तो एक दिन काजल गायब हो गई। वह कहाँ गई, किसी को नहीं पता। कहते हैं कि गिरोह का कोई सदस्य यदि अचानक गायब हो जाए तो उसके दो ही मतलब होते हैं—या तो उसका पोटला हो गया है, या वो अंडरग्राउंड हो गया है।

काजल को भी काल खा गया...

बगावत

दुश्मन हो, और माँ हो, यह कैसे हो सकता है भला? लेकिन यह सच था। मेरे सामने राखी सिंह थी, जो अपनी बेटी सोनम की बरामदगी के लिए हंगामा मचाए थी। बाजार में बेटी के जिस्म की तिजारत करने वाली यह माँ बर्दाश्त नहीं कर पा रही थी कि उसकी तिजोरी कोई और लूट ले गया है। एक लड़के से शादी करने के लिए सोनम भाग गई थी। पूरा खानदान और समाज के लोग सोनम और उसके आशिक को खोज रहे थे क्योंकि माँ ने उन्हें पकड़ कर लाने वाले को मोटी रकम ईनाम देने की सुपारी उठाई थी। पुलिस वालों को भी रिश्वत में मोटी रकम देने का वादा किया था। इंडिया टीवी में उसकी दास्तां मैं दिखा चुका था। अब राखी अपने रिश्तेदारों के साथ मिलकर सोनम के लिए मुझ पर दबाव डाल रही थी। यक्ष प्रश्न था, क्या उन्हें सोनम मिली?

"सोनम को कहाँ छुपाया है?" कड़कड़ाती आवाज शान्त कमरे में गूँज उठी।

14 मई, 2008 की दोपहर गुस्से से बिफरी हुई एक माँ मेरे सामने कमर पर हाथ धरे खड़ी थी। उसके साथ चार-पाँच युवक थे। वे भी गुस्से में मुझे ऐसे घूर रहे थे, मानो अभी कच्चा ही चबा जाने वाले हैं। सच तो यही था, वह अगर मेरा दफ्तर नहीं होता तो अब तक मैं इनकी पिटाई से अधमरा जमीन पर पड़ा होता।

मेरे सामने खड़ी महिला का नाम था राखी सिंह। वह सोनम कुमारी सिंह की माँ थी। उनके साथ थे श्याम सिंह, जो खुद को सोनम का मामा बता रहे थे और सन्तोष राजपूत, जो खुद को सोनम का मौसा बता रहे थे। सोनम की मौसी सोनिया राजपूत उर्फ संजू भी साथ थी। दो युवक और भी थे, जिन्होंने परिचय देने से इनकार कर दिया था।

"हमें नहीं पता कि सोनम कहाँ है।" मैंने बड़ी शान्त और ठहरी हुई आवाज में जवाब दिया।

''वो तुम्हारे हाफिस में आई थी। इधर तुम लोग ने उसका शूटिंग किया है। वो किधर है, तुमको नहीं मालूम?'' अब तक वे और अधिक भड़क चुकी थीं।

''जी हाँ, नहीं पता है। वह किसी के साथ आई थी, उसी के साथ चली गई। मेरा यही जवाब उन्हें हर बार मिलने वाला था।'' मुझे पता था कि यह बेड़िया समाज की महिला है। जो लोग उसके साथ आए हैं, उन्हें पता चल गया कि सोनम कहाँ है तो समाज और उसके बनाए नियमों से बगावत करने के जुर्म में उसका चमड़ा खींच कर भूसा भर देंगे।

''मुझे पता है किस भड़वे के साथ आई थी। वो सोनू क्या सोचता है कि तुम टीवी वाले के पास आके बच जाएगा। मुझे मिल गया तो उसका किरिया करने लायक नहीं छोड़ेगी।''

''आपको जो करना है, इस दफ्तर के बाहर कीजिए। हमें उससे क्या लेना-देना!''

''तुम्हारा लेना-देना है। तुम बताओ, वो दोनों किधर हैं?''

''मुझे वाकई नहीं पता कि दोनों कहाँ चले गए।''

''वो भड़वे, सोनू का नम्बर दो मुझे। मैं पूछती है उससे।''

''मेरे पास न तो सोनम का नम्बर है, न ही उसके साथ आए लड़के सोनू का। वे दोनों मेरे पास सीधे दफ्तर में आए थे। मैंने उनसे पूछा भी था कि किसने उन्हें मेरे पास भेजा है तो भी उन्होंने कुछ नहीं बताया था।'' यहाँ मैंने एक सफेद झूठ कहा। मेरे एक खास मुखबिर ने ही दोनों को मेरे पास भेजा था।

इस मुखबिर ने मुझे बताया था कि सोनम और उसका प्रेमी सोनू मिलना चाहते हैं क्योंकि उनके समाज ने दोनों को खोज कर पकड़ने और सोनू की हत्या करने के लिए दो लाख की सुपारी निकाली है।

ये तो शानदार खबर थी।

जी हाँ, बिल्कुल सही सोच रहे हैं आप। किसी की मौत पर आ बनी थी, और मैं खबर सूँघ रहा था। सच तो यही है कि बुरी खबर ही अखबार के लिए सबसे अच्छी खबर मानी जाती है। एक अपराध संवाददाता के लिए तो इस तरह की सूचनाएँ ही सबसे शानदार खबर बनती हैं।

सोनम और सोनू को दफ्तर बुला भेजा। उनकी पूरी बात सुनी। उसके बाद उन्हें कैमरे में कैद किया। उनके इंटरव्यू रिकॉर्ड किए। मेरे मुखबिर के जरिए चाहता तो कभी भी उन दोनों को बुला सकता था। जानता था लेकिन कि ऐसा करना सोनम के लिए भले ही नुकसानदेह नहीं होता, उसके प्रेमी की हत्या का अपराधी मैं जरूर बन जाता। मेरा काम खबर करना है, किसी को तकलीफ में डालना नहीं। थोड़ा झूठ तो चलता है। सो बोल दिया।

इस झूठ का राखी सिंह पर कोई असर नहीं हुआ, वो और गरज कर बोली,

"तुम क्या मुझे बेवकूफ समझ रहे हो? तुम्हारे जैसे सैकड़ों चलाए हैं मैंने।"

"जरूर चलाए होंगे। आपका अनुभव ही इतना है। मैं तो बहुत छोटा हूँ।"

"तुम जरूरत से ज्यादा चालाक हो।"

"चालाक नहीं होता तो पत्रकार कैसे बनता?"

"मेरे साथ चालाकी नहीं चलेगी।"

"क्या चाहती हैं आप?"

"मेरी बेटी वापस कर दो। वो लड़का हमें दे दो। हम चले जाएँगे।"

"ये सब तो होने से रहा।"

"तो मैं भी यहाँ से नहीं जाऊँगी।"

"आप अगर मुझे मजबूर करेंगी तो ट्रेस पासिंग और धमकी देने के मामले में पुलिस ले जाएगी। तब क्या सोनम मिल जाएगी आपको? आप लोग समझदार हैं भाई साहब, समझाएँ इन्हें।" उनके साथ आए बन्दों को मैंने खुली धमकी दी। वे वाकई समझदार थे। समझ गए। उन्होंने राखी सिंह को आँख से इशारा किया। वह शान्त हो गई। वहाँ से चली गई।

सोनम के परिवार वाले बेहद गुस्से में थे। उनकी पिटाई करने के इरादे से खोज रहे थे। दोनों छुपे हुए थे।

मुम्बई की यह कलयुगी माँ अपनी ही बेटी की अस्मत से खिलवाड़ करती रही थी। उसके गर्म गोश्त की कमाई से न केवल अपना पेट भरती थी बल्कि पूरे परिवार की भी दिलचस्पी उसके जिस्म से होने वाली कमाई में ही थी। बेड़िया समुदाय की यही रिवायत है। वहाँ कुँआरी बेटियाँ धन्धा करती हैं, पूरे घर, यहाँ तक कि खानदान का पेट भरती हैं। पुरुष वर्ग उनकी कमाई पर अयाशी करते हैं।

न केवल माँ बल्कि नानी और मामा भी सोनम को खोजने के लिए जमीन-आसमान एक किए हुए थे। सोनम जिस लड़के के साथ अपने घर से बगावत करके निकली थी, उसे पुलिस से एनकाउंटर करवाने की धमकियाँ दी जा रही थीं। सोनू भी बेड़िया समुदाय का ही था।

यह सब असल में बारबालाओं के विदेशों से लाखों रुपए कमाने के उस कुचक्र का एक हिस्सा भर था, जिसमें एक बेटी ने विद्रोह करने का साहस किया था। इस साहसी लड़की का नाम है सोनम सिंह।

सोनम का परिवार कानपुर मूल का है। वे लोग बेड़िया हैं। इस जनजाति में बेटियों को जिस्म के सौदागरों के हवाले करना बुरा नहीं माना जाता। यही कारण है कि सोनम की माँ राखी सिंह बुरी तरह नाराज थी। उसकी धन की पोटली किसी ने चुरा ली थी। खनखन बजते सिक्कों की आवाज उसके घर से गुम हो गई थी। कोई और उसके घर डाका डाल गया था। यह उसे बिल्कुल बरदाश्त नहीं था। वह खुद को ठगा-सा महसूस कर रही थी।

राखी के आने से पहले सोनम सामने थी, आँखों में आँसू और काँपते होंठों पर फरियाद थी।

''तो क्या सिलसिला है?''

''मेरी माँ ने ही मुझे धंदे में डाला है। पहले तो मुझे मुम्बई के दो बीयर बारों में नाचने के लिए भेजा। हर रोज मैं अच्छा कमाकर लाती थी। उतने पैसे से भी मेरी माँ और मामा का मन नहीं भरा। वो लोग बार से मेरे लिए ग्राहक खोज के देते थे, किसी से 5, किसी से 10, किसी से 25 हजार रुपए रात की कीमत वसूलते थे।'' वासना के भूखे भेड़ियों के हवाले हर रात एक नई मौत मरती सोनम ने सब स्वीकार लिया था क्योंकि यह उसके समुदाय और परिवार की रियावत थी। इन सबसे उसे कोई परेशानी नहीं थी।

''आप कहाँ की हैं?''

''हूँ तो कानपुर की। छठी कक्षा तक पढ़ाई की है। मुझे माँ ने नाना के घर रखा था।''

''तो मुम्बई कैसे आ गईं?''

''लगभग ढाई साल पहले माँ मुम्बई ले आई। धंदे के लिए मजबूर कर दिया।''

''और आप दुबई कब गई थीं?''

''10 जनवरी, 2008 को माँ ने एक दलाल से तीन लाख रुपए के पैकेज पर तीन महीने के लिए सौदा किया। दुबई के होटल पैराडाइज-2 में नाचने और धंदे के लिए मुझे उसके हवाले कर दिया।''

''कितना कमाया आपने दुबई में?''

''चार से पाँच लाख रुपए कमाई थी। एक लैपटॉप, दो मोबाइल, कुछ गहने ग्राहकों ने गिफ्ट दिए। वो सब मुझे नहीं मिला। लौटी तो पूरा सामान या तो माँ ने रख लिया या मामा ने कब्जे में कर लिया।''

सोनम धीरे-धीरे हर राज फाश कर रही थी। उसने बताया, ''दुबई में वेश्यावृत्ति करने के लिए मेरी माँ के कहने पर ही इकबाल ने दबाव डाला था। वह दुबई में होटल वालों का एजेंट है।''

सोनम ने ऐलानिया कहा, ''मैं अब किसी भी हाल में उस गन्दगी में वापस नहीं लौटेगी। मैं सोनू सिंह से प्रेम करती हूँ, उसी के साथ जिन्दगी बिताना चाहती हूँ। मेरी माँ और मामा लोग अगर मेरे ऊपर दबाव डालेंगे तो हम दोनों कहीं भाग जाएँगे। कभी किसी को नहीं मिलेंगे।''

''मेरी माँ ने मेरा शरीर जल्द भर जाए, मेरा यौवन उभर जाए, इसके लिए एक डॉक्टर से हार्मोन की दवाएँ दिलाई थीं। डॉक्टर एक इंजेक्शन लगाता था। कुछ ही महीनों में मैं जवान दिखने लगी।''

सच क्या था, कोई नहीं जानता। एक तरफ जहाँ सोनम बताती है कि उसकी

उम्र 18 साल है, वहीं पासपोर्ट उम्र 21 साल बता रहा था। राखी सिंह द्वारा वरसोवा थाने में दाखिल एफआईआर में उसे नाबालिग बताया था।

यही बात सामने रखते हुए राखी सिंह और परिवार के सदस्य धमकियाँ दे रहे थे कि अगर वह नहीं लौटी तो फर्जी दस्तावेजों से पासपोर्ट बनवाने के आरोप में गिरफ्तार करवा देंगे।

''मेरी माँ ने धमकी दी कि मुझे पाँच साल की सजा करवा देंगे। सोनू सिंह को नाबालिग लड़की को भगाने के आरोप में जेल की लम्बी सजा करवा देंगे। वो लोग ने पुलिस को भी पैसा दिया है। पुलिस वाले भी हमें खोज रहे हैं। उनको भी सुपारी दी है।

''मेरे मामा ने 18 लाख का फ्लैट खरीदा। फ्लैट पर नाम उसका है। इसके लिए 8 लाख रुपए नकद मेरी कमाई से बिल्डर के पास भर दिए हैं। मुझे बोला, बाकी का 10 लाख रुपए भी दुबई जाकर नाचने और धन्धा करके कमाने होंगे। यह रकम मिलने पर ही मुझे मुक्ति मिलेगी।''

जब सोनम स्टूडियो में मेरे सामने मौजूद थी, इसी समय उसके सेलफोन पर एक कॉल आई थी। सोनम के रिश्तेदारों ने न केवल उसे लौटने के लिए बेहूदा तरीके से समझाया बल्कि बेहद गन्दी गालियाँ दीं। तीन दिन में न लौटने पर बेहद खतरनाक अंजाम भुगतने की चेतावनियाँ भी दीं। यहाँ तक धमकी दी कि अगर तीन दिनों में वापस न लौटी तो सोनू सिंह की नाबालिग भांजियों का अपहरण करवा लेंगे। उन्हें कोठों में बैठा कर सोनम की कमाई से हाथ धोने के बदले पैसों की भरपाई करवाई जाएगी।

''अच्छा, ये तो बताएँ कि कहाँ-कहाँ की लड़कियाँ जाती हैं विदेशों में नाचने के लिए?''

''दुबई, लन्दन, हाँगकाँग, सिंगापुर तक मुम्बई और सारे देश की लड़कियों को नाचने के लिए ले जाते हैं। वहाँ धंदे के लिए मजबूर करते हैं। जो लड़कियाँ इनकार करती हैं, उनको बहुत मारते हैं। कई दिन तक खाना नहीं देते हैं। इतने पर भी नहीं माने तो एक साथ चार या पाँच मरद मिलकर लड़की को तोड़ते हैं।''

''तोड़ते हैं यानी?''

''तोड़ते बोले तो उसके साथ रेप करते हैं। उसकी जिद तोड़ते हैं। धंदे पर बैठने के लिए तैयार करते हैं।''

इस मसले का सबसे भयावह पहलू तो तब सामने आया जब मेरी सोनू सिंह की बहन दीपा सिंह से बात हुई। उन्होंने बताया कि उनकी बिरादरी पंचायत ने सोनम की वापसी के साथ ही 10 लाख रुपए का जुर्माना सोनू सिंह पर लगाने का फैसला सुनाया। यह भी तय किया कि सोनम वापस नहीं लौटी तो दीपा की बेटियों को कब्जे में लेकर नुकसान भरपाई करने के लिए धन्धे पर बैठाने का अधिकार

राखी सिंह को होगा।

यह है बेड़िया समाज का वह भयावह रूप, जो किसी ने आज तक देखा-जाना न था। मेरे लिए भी यह बेहद प्रताड़ित करने वाला अनुभव रहा।

इसका अन्त थोड़ा मजेदार था। उसी दिन राखी सिंह बिफरी हुई शाम सात बजे फिर दफ्तर में नमूदार हुई।

''तुमने अगर मेरी बेटी का पता नहीं दिया तो मैं यहीं आत्महत्या कर लूँगी।'' उन्होंने खुली धमकी दी।

''ठीक है, करें। कैसे करेंगी?''

''पेट्रोल डालकर आग लगा लूँगी।''

''देर किस बात की, तुरन्त कीजिए।'' मैंने अपने कैंटीन मैनेजर को आवाज दी, ''भाई, जरा देखो तो घासलेट है क्या आपके पास किचन में?''

''है जी।''

''ले आओ पूरा केन।''

''क्यों सर?''

''इन मैडम को आत्महत्या करनी है। और कैमरामैन से बोलें कि तुरन्त दो कैमरे तैयार करें, इनका शूट करेंगे। टेक्निकल में बोलिए लाइव की तैयारी करें। दिल्ली में बताएँ कि सोनम की माँ आत्मदाह करने वाली हैं। चलिए मैडम, सब तैयार है। आइए, हम बाहर चलते हैं।''

राखी सिंह और उसके रिश्तेदार आँखों से गुस्से के बर्छी-भाले बरसाते, मुँह से गालियों के पत्थर उछालते, दिल से बद्दुआ के नश्तर फेंकते, पाँव पटकते बाहर निकल गए। उसके बाद कभी कोई दफ्तर नहीं आया। सोनम और सोनू का भी उसके बाद कुछ पता नहीं चला। सम्भवतः उनका मसला ठीक हो गया। वे एक अच्छी जिन्दगी कहीं जी रहे होंगे।

आमीन!

दोजख

माँ का दर्जा भगवान से भी ऊपर रखा जाता है। यह बात आप सुजाता से कहें तो मुँह नोच लेगी। उसे तो 'माँ' शब्द से ही नफरत है। लेकिन 'बाबूजी' शब्द, उसके चेहरे पर मीठे सपनों में खोए छोटे से बच्चे सरीखी मुसकान ले आता है। सुजाता का बचपन का चंचल मन नाच सीखना चाहता था, कर्कशा माँ के कारण वह सीख नहीं पाती थी। बाबूजी ने उसे सिखाना चाहा लेकिन जल्द ही यह ख्वाब अधूरा रह गया। एक अधेड़ शराबी-कबाबी के हाथों उसकी जिन्दगी की बागडोर सौंप दी। वह जल्द ही दुनिया में उसे अकेला छोड़कर चला गया। मुम्बई में अकेली औरत ने बच्चों का पेट पालने के लिए डांस बार की राह पकड़ी तो नाच ने ही उसे नया जीवन दिया।

"मैं वेश्या नहीं हूँ। मेरा दिल पत्थर हो चुका है। अब आप उसे कितना भी नोंच लो, खसोट लो, चोट कर लो, मैं नहीं टूटने वाली, मैं नहीं दरकने वाली, मैं नहीं बिखरने वाली। भले ही लोग मुझे रंडी कहते हैं, मैं आत्मा से एक कलाकार हूँ, एक नर्तकी। मेरी मजबूरी है कि मैं डांस बार में नाचकर पैसा कमाती हूँ, हेमामालिनी और हेलन फिल्मों में नाचकर। लोग मुझे नीची निगाह से देखते हैं, मगर उनके पाँवों के नीचे बिछे जाते हैं।" आँखों से क्रोध की आग भभक कर बाहर आ रही थी। मुझे भी जैसे जलाकर खाक कर देगी। जिन मर्दों को सुजाता कोस रही थी, क्या उनमें मुझे भी शुमार कर रही थी? जो भी था, बड़ा असहज करने वाला था।

सुजाता अभी भी बोले जा रही थी, "मर्दों को हमेशा लगता है कि मुझे हर दिन मसलते रहेंगे, कुचलते रहेंगे, दबोचते रहेंगे, और मैं कुछ नहीं बोलूँगी। ये उनकी खामखयाली है। मैं भी विरोध करूँगी। मैं एक लड़की जरूर हूँ लेकिन इस्तेमाल के लिए कहीं पड़ी नहीं हूँ। हो सकता है कि बारों में नाच पर पाबन्दी लगी तो कुछ बारबालाएँ मजबूरन वेश्या बन गईं, मैं वैसी नहीं हूँ। मैं टूटने वाली नहीं हूँ।"

वह रुकी तो हाँफ रही थी। मैंने सामने पड़ा पानी का गिलास उठाकर उसके सामने कर दिया। उसने हाथ बढ़ाया तो मुझे वो कुछ काँपता-सा लगा। दो घूँट पानी पीकर वह कुछ शान्त हुई। मैं भी अब सहज हुआ। साथ ही मन में सवाल कौंधा कि क्या ऐसी लड़की भी बारबाला हो सकती है? लगा कि ऐसा सम्भव नहीं है लेकिन मेरे सामने एक तो थी। न जाने कितने डांस बारों में जलवा बिखेरती रही है। ऐसी कँटीली नचनिया कि अच्छे-अच्छों को पानी पिला दे। नाचते हुए एक बार में दो-चार सौ चक्कर लेती थी। उसका नाच देखने लोग न जाने कितनी दूर-दूर से आते रहे हैं। वह नफरत करती है कि कोई उसे बारबाला कहे। वह खुद को कलाकार ही मानती है।

पहली दफा जब उसके बारे में एक दोस्त ने बताया था, तो भरोसा नहीं हुआ था। वह नब्बे के दशक का आरम्भ रहा होगा। जब जाकर उसका नाच देखा तो पता चला कि मेरी नजर में भी एक दोष बाकी था। लड़कियों को उनके स्थान के आधार पर तौलने और परखने की पाखंडी पुरुष मानसिकता अब तक मेरे अन्दर भी जीवित थी। वह उसी दिन टूटी, जब सुजाता के थिरकते पाँवों ने उसे कुचला था। अब तक न जाने कितनी बार उससे मेरा आमना-सामना हो चुका था। आज बिल्कुल सामने थी।

जो कुछ भी उसके बारे में जानता था, वह न के बराबर था। आज मौका था, सोचा सब कुछ कुरेद लूँ, ''आपने नाचना सीखा कैसे? कहाँ? और कौन-कौन जानता था आपके घर में नृत्य?''

''घर में संगीत का माहौल नहीं था। न कोई नाचना जानता था। पड़ोस में एक गुरूजी रहते थे, जिनके यहाँ कुछ लड़कियाँ कत्थक सीखने आती थीं। उनके घर से आती तबले और हारमोनियम की आवाज से खिंची मैं भी कभी-कभी उनके घर चली जाती थी। वहाँ नाच सीखती लड़कियों को देखकर लगता था कि वे कितना अच्छा नाचती हैं। तब मुझे क्या पता था कि नाच क्या होता है। गुरुजी मुझे वहाँ आया देखकर अन्दर बुला लेते। एक तरफ बैठने के लिए कह देते। मैं भी चुपचाप वहाँ बैठ जाती। सब कुछ देखती और सुनती थी।'' सुजाता के लिए वे दिन सबसे अच्छे रहे होंगे, मैं तो यही मान कर चल रहा था। बचपन किसी का भी हो, कुछ खट्टी-मीठी यादें तो जुड़ी होती ही हैं।

''एक बार माँ को पता चल गया कि मैं नाच सीखने जाती हूँ तो मेरे बाल पकड़-पकड़ कर वो पिटाई की, क्या बताऊँ। बड़े भाई ने पिटाई और उसकी वजह बाबूजी को बता दी। उन्होंने पीटा तो नहीं लेकिन नाराज बहुत हुए। बाबूजी कहते थे कि बेटियाँ बड़भागी होती हैं, किसी-किसी को नसीब से मिलती हैं। माँ लेकिन ये बात नहीं समझती थीं। वो तो मुझे बोझ मानती थीं। भाई को जलेबियाँ मिलती थीं, मुझे नहीं। भाई को हर साल दशहरे पर नए जूते-कपड़े मिलते थे, मुझे

एक सलवार-कमीज भी माँ दिलवा देती तो बहुत था।'' सुजाता के इस कड़वे अन्दाजे-बयाँ का कारण अब समझ आने लगा था। इतनी कड़वाहट अगर बचपन ने भरी है तो दिल से वही तो निकलेगा। सही तो है—बोए पेड़ बबूल का तो आम कहाँ से पाए!

''बाबूजी बड़े अच्छे थे लेकिन हमेशा घर के बाहर होते थे। घर पर तो माँ और बड़े भाई का ही राज चलता था। मैं दूसरे नम्बर की थी, तीसरे नम्बर पर एक बहन और थी, चौथे नम्बर पर एक भाई और उपेक्षित तो हम दो बहनें ही थीं। हम जमीन पर सोती थीं, दोनों भाई पलंग पर। भाई को कॉन्वेंट स्कूल में माँ ने डाला था, हम बहनें सरकारी स्कूल जाती थीं। भाई का स्कूल पास ही था फिर भी उसके लिए बस लगा रखी थी, हम पैदल जाती थीं। कोई बात नहीं, हम जितना तकलीफ उठाती थीं, उतना ही दिल मजबूत होता जाता था।'' सुजाता बस बोल रही थी कि दिल मजबूत हो रहा था, उसके हाथों में थमा हुआ गिलास जिस तरह थरथरा रहा था, उससे यह साफ था कि दिल में किस कदर हलचल मची हुई थी, वह किस कदर वक्त की मार से दहला हुआ था।

सुजाता के हाथों की ओर ध्यान जाते ही यह सवाल जेहन में उभरा कि यह इतना सब कुछ झेलने के बाद भी इतनी शान्ति से कैसे बोल रही है, ''पड़ोस के गुरुजी के घर से आती संगीत और घुँघरू की आवाजें मुझे सहज ही खींचतीं, मैंने उनके पास चुप-चुप जाना जारी रखा। जब भी माँ मारती, पिट लेती। उफ् भी नहीं करती। भाई हर बार बाबूजी से शिकायत करता। हर बार बाबूजी मुझे समझा देते कि माँ जैसा कहे, वैसा ही करो। ऐसे सन्तोषी और सच्चे इनसान मेरे बाबू थे कि मैं सोचती काश माँ भी कुछ ऐसी ही होतीं। इतनी अच्छी न होतीं तो भी इनका दस या बीस फीसदी ही होतीं। जो न होना था, सो न था। भाग्य तो कोई मेहनत से बदल भी सकता है, पर माँ-बाप कैसे बदले कोई भला!

''एक बार और ऐसा हुआ कि माँ ने मारा, भाई ने शिकायत की, बाबूजी ने समझाया तो मैंने उनसे कहा कि मुझे नाच सीखना अच्छा लगता है। बाबूजी ने गुरुजी से बात की। उन्होंने कहा कि देखिए, लड़की में सीखने की प्रबल इच्छा है। मेरे पास बहुत सारी लड़कियाँ आती हैं लेकिन उनमें सीखने की उतनी इच्छा नहीं होती जितनी इसमें है। यह तो अपनी माँ से पिटने के बाद भी आ बैठती है। जो दूसरी लड़कियाँ सीखती हैं, उन्हें देखकर ही सीख जाती है। इसका परन और चलन बड़ा साफ है। कुछ कर जाएगी अगर सही तालीम और रियाज कर लेगी तो।''

यह सुन कर बाबूजी सन्तुष्ट हो गए। गुरुजी से मुझे सिखाने के लिए कह गए। घर लौटे और माँ से कहा कि कल से बच्ची भी नाच सीखेगी तो माँ ने कोहराम मचा दिया। बोलीं कि लड़की को क्या कोठों पर नचाना है तुम्हें, जो ये सब सिखा रहे हो? कौन-सा बड़ी होकर वैजयंती माला बनेगी! कोई जरूरत नहीं है। तुम्हारे

खानदान में होता होगा यह सब, मैं तो हरगिज नहीं होने दूँगी। बाबूजी ने माँ से कहा कि बच्ची का मन है तो कुछ दिन जाने दो, क्या फर्क पड़ने वाला है! यूँ समझ लो कि कसरत सीख रही है। पड़ोस में ही जाना है। हुनर है, सीख लेगी तो हाथ में रहेगा, कभी काम ही आएगा। और कुछ नहीं तो घर में रियाज करके मन बहलाती रहेगी खुद का। माँ ने खूब हल्ला मचाया लेकिन बाबूजी थे कि अड़े रहे।'' एक पिता का अपनी बेटी की ऐसी इच्छा पूरी करना, जिसके लिए कुछ खर्च भी नहीं हो रहा हो, वह भी अपनी जिद्दी पत्नी के विरोध के बावजूद, एक बड़ा साहसिक कदम था। औरत के अड़ियल रवैये के सामने आदमी इसलिए झुक जाता है ताकि दो पल ही सही, घर में शान्ति बनी रहे।

''अगले दिन बाबूजी काम से बाहर गए तो माँ ने मेरी पीट-पीट कर वो दुर्गत कर डाली कि क्या बताऊँ। पर मैं भी कच्ची न थी। रोजाना गुरुजी के पास जाने लगी। पढ़ती भी। भाई से भी अधिक अच्छे अंकों से पास हो जाती। नाच भी सीखती। माँ का कहा घर का सारा काम भी करती। खाना भी बनाती। झाड़ू-पोंछा भी कर देती। बरतन भी माँज देती। नाचने फिर भी जाती। माँ की जिद के सामने मेरी इच्छाशक्ति अधिक बलवान थी।'' सुजाता यह कहते हुए फिर पानी पीने के लिए रुकी। इससे साफ जाहिर था कि वह ऊपर से जितनी दुर्गा-सी कठोर लगती है, अन्दर से वसुधा-सी कोमल है।

''मुम्बई का रुख़ कैसे हुआ?'' मैंने बात बदली ताकि कुछ आगे बढ़ें।

''माँ ने अपने रिश्तेदारों के बीच छाँट कर मेरी शादी करवा दी। माँ ने कहा था कि चिराग लेकर खोजने पर भी ऐसा लड़का नहीं मिलेगा।'' तल्खी छा गई सुजाता की आवाज और चेहरे पर, ''माँ सच ही बोलती थीं। चिराग छोड़िए, मशाल लेकर खोजने पर भी ऐसा लड़का मिलना मुश्किल था। लड़का एक नम्बर का शराबी और कबाबी था। जुआ खेलने का ऐसा शौकीन कि माँ मरी, तब भी मसान घाट पर सट्टा लगाता रहा। बीमार रहना उसकी आदत में शामिल था। पी-पीकर शरीर सड़ गया। अब तक मेरे बाबूजी भी तन और मन से गल चुके थे। एक औरत जब जुल्म करती है, तो सच्चा और सभ्य इनसान कैसा हो जाता है, यह मेरे बाबूजी को देखकर कोई भी समझ सकता है।

''जब मेरा पति मरा तो न माँ ने सुध ली, न ससुराल ने। घर के हालात खराब हो चले थे। क्या करती, कहाँ जाती, किसके आगे हाथ फैलाती। छोटे-छोटे दो बच्चे मेरी गोद में थे। उम्र भी मेरी कुछ अधिक तो थी नहीं। काम के सिलसिले में भटकने लगी। किसी ने कहा कि बम्बई चली जाओ, तुम तो अच्छा नाचती हो, किसी फिल्म में काम मिल ही जाएगा। कोई अच्छा काम मिल गया तो वारे-न्यारे हो जाएँगे। लगा कि ये अच्छी बात है। चली आई।''

सुजाता अब वह सब बता रही थी जिसे जानने के लिए असल में मैं उसके

पास पहुँचा था, ''कुछ दिनों तक फिल्म में काम माँगने के लिए एक दफ्तर से दूसरे में चक्कर लगाती रही। काम तो कोई नहीं देता था लेकिन बिस्तर पर सुलाने के लिए—कम्पनी मालिक से चपरासी तक—सभी तैयार थे। मैं काम माँगने जाती, वे मुझसे शरीर माँगते। न मैं शरीर देती, न मुझे काम मिलता। कुछ दिनों तक मैंने घर के लाए पैसों से काम चलाया। जब वे खत्म होने लगे तो चिंता सताने लगी। क्या करूँगी, कैसे करूँगी, दो बच्चों का पेट भी भरना है।

''वह तो भला हो कि जिस चॉल में रहती थी, पड़ोस के कमरे में रहने वाली औरत का, बड़ी भली थी बेचारी। मेरे बच्चों का खयाल रख लेती थी। न जाने क्या काम करती थी। दिन-भर तो घर में रहती और रात-भर बाहर होती थी।'' उसकी बात करते समय सुजाता के चेहरे पर अद्‌भुत ममत्व और अपनापन छा गया। ऐसा लगा कि वह उसके बारे में बता कर उसके उपकार के कर्ज का कुछ बोझ हल्का करने जा रही है, ''उसे सब लोग बारवाली बोलते थे। मुझे तो पता न था कि ये बारवाली क्या होता है। मैं तो अपने लिए काम की तलाश में आई थी। लगा था, यहाँ हुनर की कदर होगी। मामला कुछ और ही था। हुनर की नहीं, हुनरवाली के जिस्म की कदर थी। जब देखा, कुछ हो नहीं रहा है तो पड़ोसन के सामने दुखड़ा रोया। उसने कहा कि फिल्म वाले पहले तेरा जिस्म मुफ्त में नोंच-नोंच कर खाएँगे, फिर कोई काम किसी ने दिया तो उसकी मेहरबानी समझना। अब तक समझ तो सब चुकी थी, उसकी बात बुरी भी नहीं लगी।''

सुजाता को देखकर लगा कि पड़ोसन के साथ की वह रात आज फिर उसके सामने घटित हो रही है, ''उस रात पड़ोसन ने चाइनीज खाना मँगाया, मुझे भी बच्चों के साथ ही खिलाया। मेरी परेशानी देखकर बताया कि वह एक लेडीज बार में डांसर है। वहाँ नाचकर कमाती है। हर रोज कम से कम पाँच हजार रुपए तो घर लाती ही है। इतना पैसा? हाँ, इतना पैसा मिलता है। यह तो उन दिनों की कमाई है, जिस दिन कम नोट उड़ते हैं। कमाई तो कभी-कभी पचास हजार पार कर जाती है। यह सुन कर मेरे तो होश फाख्ता हो गए। ऐसा कभी हो ही नहीं सकता कि एक रात में कोई नर्तकी पचास हजार कमा ले। उसने मेरा दिमाग ठिकाने लगा दिया, जब कहा कि कुछ ऐसी भी लड़कियाँ हैं, जो एक रात में दो से पाँच लाख रुपए तक कमा कर जाती हैं। मैंने कहा कि नहीं, वो 'अच्छी' लड़कियाँ नहीं होंगी। पड़ोसन ने बताया कि सिर्फ नाचने से भी इतना कमा सकते हैं। देह कोई छू भी नहीं सकता। यह कीमत तो बस आपकी एक मेहरबानी हासिल करने के लिए मर्द लगा देता है। आप पर किसी का दिल आ गया तो वह भी पीछे पड़ जाएगा। हीरा कारोबारी से बिल्डर तक, सब लोग वहीं रात में आते हैं।

''मेरे मन में एक बार यह देखने और समझने का खयाल आया। मैंने उससे कहा कि क्या वो मुझे अपनी काम वाली जगह दिखा सकती है, तो वह सहज ही

तैयार हो गई। उस रात बच्चों को जल्दी सुलाया और पड़ोसन के साथ गई। वहाँ का माहौल कुछ अच्छा तो नहीं था लेकिन जिस तरह लोगों को नोट हवा में उड़ाते देखा तो लगा कि ये तो मामला ही कुछ और है। लड़कियाँ जैसा नाच रही थीं, वह बड़ा भोंडा और भद्दा था। वो सिर्फ छातियाँ हिला रही थीं, कूल्हे मटका रही थीं। नाचना तो किसी को आता ही नहीं था। मेरी पड़ोसन भी उन्हीं की तरह थी।'' अब सुजाता के चेहरे पर वितृष्णा के भाव थे। नाच के नाम पर जो भोंडापन डांस बारों में परोसा जाता है, वह उसमें नफरत पैदा करने के लिए बहुत काफी था।

उस रात की कब सुबह होगी, यही सोचते सुजाता ने एक-एक पल गुजारा। ऐसा नहीं होता तो बोलते समय उसकी आवाज में नाराजगी नहीं दिखती, जो साफ दिख रही थी, ''रात चार बजे तक पड़ोसन नाचती रही, लोग उस पर पैसे लुटाते रहे। सुबह जब वह निकलने लगी तो बार के मैनेजर ने उसका नाम लिखा डिब्बा खोला, उसमें ठूँस-ठूँस कर भरे नोट निकाले। वे कुल चालीस हजार थे। उसका चालीस फीसदी हिस्सा निकालकर हाथ में थमा दिया, यानी कुल चौदह हजार रुपए। इतने सारे पैसे? मेरी तो आँखें फटी की फटी रह गईं।''

मजबूरी किसी औरत से क्या नहीं करवाती है, यह कोई सुजाता से पूछता, मेरे सामने तो वह टूट कर बिखर चली थी, ''मेरे पास काम नहीं था, घर में फाकों की नौबत थी। क्या करती। पड़ोसन से कहा कि मुझे भी उसके होटल में काम दिला दे। वह बोली कि तुम नाचना नहीं जानती। कुछ दिन ट्रेनिंग के लगेंगे, तैयार हो जाओगी तो तुझे भी साथ ले चलेंगे। एक से दो बहनें भलीं, साथ चलेंगी। मैंने उससे कहा कि दो मिनट रुक जाए। उसके मोबाइल फोन पर एक गाना बजवाया और वहाँ नाचकर दिखाया। वह मुझे नाचता देखकर सकपका गई। जब मैं रुकी तो कुछ पल वह बोल न सकी। उसने मुझे अपना एक जोड़ा दिया और कहा कि ये पहन कर नाचूँ। वो भी मैंने किया।

''उस रात होटल के फ्लोर पर थी। जब मैं नाची तो सारी लड़कियों ने कोने पकड़ लिए। मेरा नाच चलता रहा और नोटों की बारिश होती रही। एक रात में मुझ अकेली पर दो लाख रुपए उड़े। मेरा हिस्सा बना अस्सी हजार रुपए। होटल का मालिक यानी अण्णा बौरा गया। रात में ही मुझे अलग से बुला कर बात की। उसने कहा कि मुझे चालीस नहीं पचास फीसदी हिस्सा देगा लेकिन शर्त यह है कि मैं किसी और के होटल में नाचने नहीं जाऊँगी। उसने मेरे हाथ में एक लाख रुपए रख दिए।'' थरथरा सी गई सुजाता, उसे लगा कि आज किसी ने उसके हाथ में पहली कमाई रखी है।

''वह मेरा पहला दिन था। न जाने कितनी सीटियाँ बजी थीं, न जाने कितने लोग मेरे पास आकर नाचने की कोशिश कर गए थे, न जाने कितनों ने मेरा हाथ पकड़ने की कोशिश की थी, न जाने कितनों ने मेरे नितम्बों पर हाथ मारे थे, न जाने

कितनों ने अपने फोन नम्बर मुझे देने चाहे थे। मैंने ग्रीन रूम में आकर चोली उतारी तो उसमें से पंद्रह नैपकिन निकले, जिनमें फोन नम्बर लिखे थे। सारे वहीं छोड़कर मैं पड़ोसन के साथ बाहर आई तो एक टैक्सी खड़ी थी। दोनों उसी टैक्सी में गए।''

''टैक्सी में जाते हुए तो बड़ा अच्छा लगा होगा?''

''नहीं। अच्छा क्या लगना था। मेरी हालत आप समझ नहीं सकते हैं।'' सुजाता के चेहरे पर मेरे सवाल से नाराजगी-सी उभरी। उसने कहा, ''रास्ते में पड़ोसन ने बताया कि टैक्सी वाले रऊफ भाई हैं। उनके होटल के बाहर ही रहते हैं। लड़कियों को ही रात में घर तक पहुँचाने का काम करते हैं। रऊफ भाई ने सुरक्षित घर तक पहुँचाया। जब तक हम दरवाजा खोल कर घर के अन्दर नहीं पहुँच गए, वे हमारे दरवाजे के बाहर खड़े रहे। जाते समय उनके हाथ में पाँच-पाँच सौ के दो नोट पड़ोसन ने रख दिए। वे चुपचाप मुड़े और चले गए।''

सुजाता ने अब वह कारण साफ किया कि क्यों टैक्सी में पहली बार मुम्बई में घर तक का सफर भी उसके लिए खास या सुहाना नहीं था, ''कमरे में आकर मैं पहले तो नहाई। लग रहा था कि पूरी देह और दामन दागदार हो चले हैं। बज-बज कर रहा था। जितने मर्दों ने मुझे छुआ था, जितनी निगाहों ने मुझे भेदा था, नहाने से भी क्या वो साफ होनेवाला था भला?''

''और वे एक लाख रुपए, उसका क्या किया?'' पता नहीं मेरा यह सवाल करना ठीक था या नहीं, पर मुझे तो पूछना ही था, वह चाहे लाख बुरा माने। सुजाता ने इस सवाल पर कोई प्रतिक्रिया भावों से नहीं दी, बस, बोल पड़ी, ''कुछ हो या नहीं, हाथ में लाख रुपए लेकर काँपती हुई जब निकली तो सारी लड़कियों की आँखों से निकल रही गर्मी साफ महसूस की। मेरी पड़ोसन भी कुछ हद तक खुद को असुरक्षित महसूस कर रही थी लेकिन इस बात से खुश थी कि मेरे जैसा हीरा लाकर उसने अण्णा को दिया है। अण्णा ने आज उसे भी पाँच हजार रुपए का बोनस दिया था।

''अगले दिन दोपहर एक बजे कुंडी खड़की। देखा पड़ोसन खड़ी थी। उसने मुझसे कहा कि रऊफ भाई को जल्दी बुलाया है। हम दोनों एक दुकान पर चलेंगे, वहाँ से दो—तीन लहँगा-चोली मेरे लिए खरीदेंगे। पास से जूतियों के अलावा मेकअप का कुछ सामान भी लेंगे। मैंने हामी भर दी।'' सुजाता का दिल लरज गया था, जब वह पड़ोसन के साथ दुकान पर पहुँची थी। ऐसी शानदार दुकान उसने पहली बार देखी थी।

वह दिन याद करते हुए सुजाता आगे बढ़ी, ''पड़ोसन के साथ गिरगाँव में एक दुकान पर पहुँची। दुकानदार ने पड़ोसन को इशारा किया तो उसने बताया कि मैं धन्धे में नई आई हूँ, जबर नाचती हूँ, कल सबको पानी पिला कर आई हूँ। यह सुन कर दुकानदार मैडम-मैडम बोल कर पीछे पड़ गया। एक से एक लहँगा-चोली

निकालकर दिखाए। मैंने तीन ले लिए। उसने हमें ठंडा पिलाया, अपना विजिटिंग कार्ड भी साथ में अलग से दिया। अपनी तरफ से ही बिना बोले 20 फीसदी डिस्काउंट दिया। उसे 35 हजार रुपए देकर रऊफ भाई के साथ टैक्सी में निकली। आगे से हमने जूतियाँ लीं, मेकअप का सामान लिया। सब लिए-दिए हम होटल जा पहुँचे।

''अण्णा ने मुझे देखा तो बड़ा खुश हुआ। उस रात भी पहली रात वाले काफी सारे ग्राहक आए हुए थे। कुछ नए लोग भी थे। अण्णा ने आज मुझे अपने होटल के तीनों फ्लोर पर जाने के लिए कहा। आज तो पहली रात से भी बेहतर कमाई हुई। अण्णा खुशी से पागल हो उठा। उसे लगा कि मेरे रूप में सोने की खदान मिल गई है। रऊफ भाई आज भी साथ घर गए। पड़ोसन भी खुश थी। अपने हिस्से की रकम के अलावा उसे अण्णा ने आज भी बोनस दिया था। आज मैंने हजार रुपए निकालकर रऊफ के हाथों में रखे तो वह पड़ोसन को देखने लगे। पड़ोसन ने आँखों से रखने का इशारा किया तो बिना कुछ बोले हजार का नोट थाम लिया और चले गए।'' सुजाता के लिए अब कहानी आगे बढ़ाना सहज हो गया क्योंकि उसके दिन सरल होते जा रहे थे।

''कमाई आज भी मोटी की, लेकिन गँवा कर बहुत कुछ आई। गन्दी निगाहों और फिकरों ने मुझे इस कदर आहत किया कि मन रो रहा था। आज दो पुलिस वाले भी आए थे। ऐसे देख रहे थे मानो आँखों से ही बलात्कार कर रहे हों। अण्णा को बुला कर मुझे दिखा-दिखाकर कुछ पूछते रहे, अण्णा उन्हें कुछ बोलता रहा। वे शराब पीते रहे, सिगरेट का धुआँ छोड़ते रहे, काजू और बादाम खाते रहे। जब पेट और मन भर गया तो चले गए।'' सुजाता के चेहरे पर एक बार फिर घृणा के भाव मँडराने लगे।

''बीयर बारों में नाचने का अनुभव कोई खास अच्छा नहीं रहा आपके लिए, है न?'' मैंने घावों पर नमक के साथ मिर्च भी मल दी, पता था कि इस जलन के चलते आहें-कराहें-चीत्कारें सब मुझ तक पहुँचेंगी।

वह सच में चीत्कार उठी, ''मेरी जिन्दगी ऐसा नरक बन गई थी, जिसके सामने वाले हिस्से में स्वर्ग था। लोगों को लगता था कि मैं एक स्वर्ग में जी रही हूँ लेकिन असल में वह मेरा नरक था। मेरी पड़ोसन भले ही इन हालात में खुश दिखती थी, वह भी अन्दर से कुछ ठीक नहीं थी। अब हम बहनें थीं। उसे कभी ये जलन नहीं हुई कि मैं अधिक कमा रही हूँ। वह कहती थी कि मैं जो कला जानती हूँ, उसके आसपास तो पूरे मुम्बई की कोई डांसर नहीं टिकेगी। मैं तो एक बार में पचास-सौ फिरकियाँ ले लेती थी। मेरी हर फिरकी पर पाँच सौ या हजार का नोट तो उड़ता ही था।

''मैं इस अंधे कुएँ में गिर पड़ी थी, अब मेरे लिए बाहर निकलने का कोई रास्ता नहीं था। ज़िंदगी रेत की तरह हाथों से फिसली जा रही थी, मैं कुछ कर नहीं

सकती थी।'' सुजाता के लिए यह वक्त क्या था, उसने अब बताया, ''मैंने भी तय कर लिया कि आगे क्या करना है। पैसे कमा रही थी, मीरा रोड की एक बिल्डिंग में किराए पर फ्लैट ले लिया। पड़ोसन भी साथ ही आई। उसने बहुत मना किया लेकिन मैं न मानी। उसे याद दिलाया कि मुझे बहन कहकर उसने एक दिन खाना खिलाया था। वह उपकार मैं कभी नहीं उतार सकूँगी। अगर वह साथ जाने से इनकार कर देगी तो समझूँगी कि वो मुझसे नाराज है। मेरी बातों का ये असर हुआ कि बेचारी साथ आ ही गई। अब वह मेरी सहेली, हमदम, बहन, माँ, मैनेजर सब कुछ थी। बच्चों की मौसी भी।

''मैंने कुछ दिन बाद घर में एक छोटी-सी लड़की को रख लिया। वो बेचारी मेरी ही तरह बेसहारा थी। भीख माँगती सड़कों पर भटक रही थी। उसे साथ ले आई। घर पर बच्चों का खयाल रखती। उनके साथ खेलती। उनके लिए खाना बनाती। उन्हें खिलाती। जो हम खाते, वही उसे भी खिलाते। जो मेरे दोनों बच्चों का होता, वैसा ही उसका भी होता। कुछ दिनों में वह बच्चों की बड़ी दीदी बन गई। अब मेरा परिवार बढ़ चुका था। मैं हर दिन एक नई मौत मरती, हर दिन आकर घर में साबुन से इस तरह मल-मल कर नहाती कि आज ही सारे पाप धो लूँगी।'' अपने हाथों को कुछ इस तरह सुजाता ने देखा कि मैं सिहर उठा। उसे लग रहा था कि उन दिनों की गन्दगी आज भी उसके हाथों पर चिपकी हुई है।

''अण्णा ने एक काम बढ़िया किया। उसने कभी मुझे किसी ग्राहक के साथ जाने पर मजबूर नहीं किया। होटल के हर बेयरे और स्टाफ को सख्त हिदायत दी कि मुझे कोई ग्राहक न तो छुए, न मेरे बारे में कोई जानकारी किसी को दी जाए, चाहे कोई कितना ही पैसा देने के लिए क्यों न तैयार हो। अण्णा खुद हर रात हर उस फ्लोर पर खड़ा मिलता था, जिस पर मैं नाचती थी।'' सुजाता के लिए अण्णा के प्रति श्रद्धा भाव था, जो उसके चेहरे पर भी दिखा, ''साल-भर में ही ऐसा वक्त आ गया कि अण्णा ने मुझे न्यौछावर का 60 फीसदी हिस्सा देना शुरू कर दिया। कुछ लड़कियाँ यह जान कर होटल छोड़कर चली गईं। कुछ ने बगावत की तो अण्णा ने सबसे कहा कि मेरे जैसा नाचें, उनका भी पैसा बढ़ा देगा।''

''कोई खास ग्राहक?'' हाँ, यह बात ऐसी किसी बारबाला से पूछना सही होता है, जो किसी को हाथ तो छोड़िए, निगाहों से भी खुद को सहलाने की इजाजत न दे।

सुजाता तैयार ही थी, खट से जवाब आया, ''एक नहीं, सैकड़ों थे। हर ग्राहक खास ही था। कोई भी उनमें ऐसा न था, जिसे अपना कहती। हरेक के लिए मैं बस एक औरत थी। पुलिसवालों ने कई बार कोशिश की लेकिन मैंने उन्हें हाथ डालने नहीं दिया। एक डीसीपी की निगाह में चढ़ गई। उसने होटल पर छापा डलवाया। मुझे भी सबके साथ पकड़ कर थाने बुलाया। वहाँ से अपने ऑफिस बुला कर कहा

कि अगर मैं रात रंगीन कर दूँगी तो सबको छोड़ देगा, नहीं तो जेल में सड़ा देगा।'' यह मेरा पहला बलात्कार था। अण्णा को जब यह पता चला कि मेरे साथ उस रात क्या हो गुजरा है, तो बड़ा रोया। उसने मुझसे बड़ी माफी माँगी। इसके बाद हर पुलिस वाले के लिए मैं बलात्कार का पसन्दीदा शिकार बन गई। किसी के साथ कभी पैसों के लिए नहीं सोई।'' नफरत का नया लावा फट पड़ा था। यह औरत तो ज्वालामुखी थी। न जाने कितना गुस्सा खदबदा रहा था इसके मन में।

''जब एक बार यह सब शुरू हो गया तो क्या करती। एक बार डीसीपी ने फिर बदमाशी की। उसने रात को मुझे बुलाया। मैं भी कम नहीं थी। उसके फोटो खींच लिए। उसके बाद कभी मुझे किसी पुलिस वाले ने तंग नहीं किया। क्यों और कैसे, यह मत पूछना। बताऊँगी नहीं।'' सुजाता ने पहले ही साफ कर दिया।

अब वह फिर शान्त थी, उसने बड़े सौम्य भाव से कहा, ''एक आदमी था जो मुझे पसन्द था। वो कभी मुझ पर पैसे नहीं उड़ाता था। बस, आता था, एक बीयर लेता था, खाने के लिए कुछ मँगाता था, बैठा हुआ नाच देखता था, कुछ अच्छा कर देती तो धीरे से बस 'वाह' बोल देता था। कई दिनों तक वो नहीं आया। मैं रोज की तरह नाचने जाती थी लेकिन मुझे लगता था कि कुछ छूट रहा है। कुछ कमी-सी रह जाती थी। दो महीने बाद वह एक दिन फिर आया। उसकी हालत कुछ खराब थी। उसने बस एक बीयर ही उस दिन मँगाई, खाने के लिए कुछ नहीं बोला। मैंने उसके लिए एक बीयर और खाने को भेजा। उसने वापस कर दिया। अण्णा ने उसे जाकर कहा कि मैंने खास उसके लिए भेजा है, तो वह मान गया। उस दिन लगा कि कोई है जो मेरा मान रखता है। एक खुद्दार मर्द कैसा होता है, यह उसके हाव-भाव में हमेशा देखती थी, वही बात उस रात दिल को छू गई थी।''

सुजाता ने इस बन्दे के बारे में बात करते हुए आँख बन्द की। समझ नहीं पाया कि अपने दिल में उसका अक्स टटोलने की कोशिश कर थी, या मुझसे नजरें नहीं मिलाना चाहती थी, बस, कहती रही, ''उस रात मैंने उससे बात की। पता चला कि वो राइटर है। फिल्म-टीवी सीरियल लिखता है। उसका काम बन्द हो गया तो यहाँ आना बन्द कर दिया था। आज कुछ पैसे मिले तो आया था। यह जान कर मैंने कहा कि एक बार बाहर मिले तो उसने साफ मना कर दिया। मैंने जोर दिया तो भी वह कभी बाहर नहीं मिला। न उसने अपना कोई नम्बर दिया। वह कभी-कभार आता जरूर लेकिन उसने कभी मुझे उस निगाह से नहीं देखा, जैसे बाकी देखते थे। वही सबसे खास ग्राहक था मेरी जिन्दगी का। उससे रिश्ता बनाने की मैंने बहुत कोशिश की लेकिन कभी कामयाब नहीं हुई।''

''क्यों?''

सुजाता के शब्दों में अफसोस का पुट था, ''काश, इस क्यों का जवाब मेरे पास होता। लोग मेरी एक निगाह पाने के लिए क्या नहीं करते थे, और वह था कि

मेरी कोशिशों के बावजूद मुझसे नाता नहीं जोड़ना चाहता था। मैं उससे जितना करीब जाने की कोशिश करती, वो मुझसे उतना ही दूर भागता था। वह फिर एक बार गायब हो गया। कई दिनों तक उसकी जगह पर कुछ और लोग आकर बैठते रहे, वह आता नहीं था। मैं हर बार वहाँ देखती और किसी दूसरे को पाकर दुखी हो जाती थी।''

उसकी आँखों में फिर एक चमक-सी आई, ''छह महीने बीते होंगे, एक दिन वह फिर आया। इस बार वह अकेला नहीं था। उसके साथ कुछ और भी लोग थे। सब बड़े लकदक कपड़ों में थे। महँगे-महँगे मोबाइल फोन हाथ में लिए थे। सबने वहाँ शराब पी, खाया-पिया, मेरा नाच देखा, चले गए। कुछ देर बाद वह वापस लौटा। उस रात एक कार्ड हाथ में देकर बोला कि उसे फोन करूँ और मिलूँ। वह मेरे लिए सबसे बड़ा दिन था। उस दिन पहली दफा मेरे शरीर में सिहरन-सी दौड़ पड़ी थी। वैसा ही महसूस हुआ था, जैसा पहली बार मेरे पति ने मुझे छुआ था।

''मैं मिली उससे। वह मेरे लिए एक ऑफर लाया था। एक फिल्म का। मैं हीरोइन और साथ वाली सारी लड़कियाँ भी काम करेंगी। उसके साथ आए लोग फिल्म के डायरेक्टर-प्रोड्यूसर थे। वे मुझे देख गए, मेरा नाच पसन्द कर गए। अब मेरी 'हाँ' का इन्तजार है। तो यह भी मतलबी ही निकला। उसे भी मेरे जिस्म में ही दिलचस्पी थी। कुछ मेरा नाच देखने और मुझे भोगने आते थे, यह मुझे लोगों के सामने परोसना चाहता था। एक और ऑफर रखा उसने मेरे सामने। अगर मैं फिल्म करती हूँ, तो मुझे अपना लेगा, जैसी हूँ, वैसी ही। यह सुन कर मैं हड़बड़ा गई। क्या सोच रही थी, ये क्या निकला।''

सुजाता का चरित्र अब मेरे लिए दुरूह हो गया। क्या वह मतिभ्रम की मरीज थी? क्या वह भाग्य से कुछ अधिक ही माँगने लगी थी? क्या वह खुद को समझा नहीं पा रही थी? वह आखिर चाहती क्या थी? किसी को तो आखिरकार उसके लिए आना ही था, वह क्यों नहीं?

''नहीं, मैं उसका बताया काम नहीं कर पाई। मुझे पता था कि मैं एक फिल्म में अगर काम करने आ भी गई तो अगली फिल्म मिलने का कोई ठिकाना नहीं होगा। वह फिल्म चलेगी या नहीं, इसका भी कोई भरोसा नहीं था। उसके बाद मैं अण्णा के पास वापस नहीं लौट सकूँगी, यही काम फिर नहीं कर पाऊँगी। मैं उस पर बोझ जाऊँगी। मै अकेली नहीं थी। मेरे तीन बच्चे थे, एक बहन थी। उनकी जिम्मेदारियाँ वो उठा पाता या नहीं, कहना मुहाल था। मैंने वो फिल्म नहीं की, मैं उसकी जिन्दगी में नहीं जा सकी। वह हर दिन आता रहा, मैं उसके लिए नाचती रही, वो हर दिन वाह कहता रहा। यूँ ही साल गुजरते रहे। जिन्दगी बसर होती रही।'' सुजाता के चेहरे के बाएँ हिस्से में कुछ अजीब-सी फड़फड़ाहट हुई। यह क्या थी, पता नहीं।

"तो काम कब और क्यों छोड़ा?" सुजाता बहुत थकी हुई लगने लगी तो मैं उसे अन्त की ओर ले चला।

सुजाता की आवाज में थकान तारी थी, "कब तक करती काम भी। शरीर साथ कब तक देता है किसी का। थकता भी तो है जिस्म। मन भी। मैं भी थक गई। जवानी ढल चली। मेरा आकर्षण कम हो गया। फिर सरकार ने डांस बार ही बन्द कर दिए। मैं भी मुक्त हो गई। अण्णा ने बहुत बोला कि मैं काम बन्द नहीं करूँ। उसके लिए मैं भाग्यलक्ष्मी थी। बोलता था कि बस रात में एक घंटे के लिए ही आकर जाऊँ, लेकिन काम नहीं छोड़ूँ। मैंने उसकी बात मान ली, कुछ दिन वह भी किया लेकिन हालात वैसे ही नहीं रहे। अब सिर्फ उनके दरवाजे पर हर रोज जाती हूँ, फ्लोर पर पाँव रखकर वापस आ जाती हूँ। अण्णा ने इसके लिए भी मुझे मोटी रकम देनी चाही थी, मैंने मना कर दिया। यह सब उसी का दिया है। मेरे पास आज कार है, फ्लैट है, बैलेंस है। दो दुकानें हैं, उनका अच्छा भाड़ा आता है। बेटा और दोनों बेटियाँ अच्छे स्कूल में पढ़े हैं। हम दोनों बहनें खूब खुश हैं। दोनों मजे से घूमती-फिरती हैं। अपनी जिन्दगी जीती हैं।"

"और अब?"

"अब कुछ नहीं। बस, यही है जिन्दगी। अब भी अण्णा के पास जाती हूँ। अभी भी वो डीसीपी के फोटो सँभाल के रखे हैं। वो अब बहुत बड़ा अफसर बन गया है। एक बार मिली थी उससे, मुझे देखकर मुँह छुपा रहा था। पता नहीं ये सब क्या था। वो मेरा नाच का जुनून था जो इस दुनिया में घसीट लाया, वो मेरा लड़की होने का श्राप था, जिसने मुझे बार डांसर बना दिया, वो एक औरत का दूसरी औरत पर जुल्म करने का पुराना चलन था, जिसने मेरी जिन्दगी नरक बना दी, पता नहीं। मैं जो भी रही, जैसी रही, ठीक ही रही। दुख है तो एक ही बात का कि जैसी मेरी माँ थी, वैसी किसी को न मिले, यही दुआ हर दिन-हर पल करती हूँ। जैसे मेरे बाबूजी थे, वैसे हर लड़की को मिलें, हर पल-हर दिन यही दुआ आज भी करती हूँ। बस वो थोड़े सख्त होने चाहिएँ, जो अपनी बीवी की गलत बातों को भी रोक सकें। तो फिर मेरी तरह और लड़कियाँ इस दोजख में आने से बच जाएँगी।" सुजाता ने बड़ी दृढ़ आवाज में कहा, "मेरा तो यह नरकवास उस दिन खत्म होगा, जिस दिन मेरा बेटा आईपीएस बनेगा, बेटी कलेक्टर।"

"और बड़ी बेटी?" मैंने याद दिलाया तो हुलसकर बोली, "वो तो अमरीका में है। एक बड़ी कम्पनी में इंजीनियर है। मैं और पड़ोसन उसके पास जाने वाले हैं। अपने हिस्से का जन्नत हासिल करने। अब वहाँ जन्नत मिलेगा ही, ये कह नहीं सकती।"

"क्यों नहीं मिलेगा?" पहली बार मैंने उसके मन में आशा जगाने की कोशिश की तो वह बोली, "बच्चों के सफल संसार में ही तो माँ-बाप का स्वर्ग होता है।

जब उस बच्ची के पास जाऊँगी, जिसे पाल-पोस कर बड़ा किया है, पढ़ाया-लिखाया है, काबिल बनाया है, और उसकी तरक्की देखूँगी तो निश्चित ही यह मेरे लिए जन्नत से कम नहीं होगा।''

''क्यों नहीं लाई अपने धन्धे में किसी को?'' ये वो सवाल था, जो एक सोती सिंहनी के पास से उसके बच्चे उठाने के दुस्साहस जैसा था।

सुजाता ने पूरी सख्ती से कहा, ''नहीं ला सकती। मेरे हिस्से का नरक मैं भोग चुकी, किसी और के हिस्से का भी भोगने के लिए तैयार हूँ, लेकिन इसमें अब किसी और को नहीं उतारना चाहती। मैंने पैसा कमाया लेकिन सब कुछ गँवा दिया। अब मैं अपने हिस्से का नरक किसी को नहीं दे सकती। जिसे अपना स्वर्ग पाना हो, मेरे पास आए, वह दूँगी। नरक नहीं।''

यह कहकर वह चुप हो गई।

मैं भी खामोश उसके आगे कुछ कहने का इन्तजार करता रहा। जब वह कुछ न बोली तब मुझे भी लगा कि अब और कुछ कहना-सुनना बाकी नहीं है। रुख़सती के लिए यह सबसे अच्छी घड़ी थी।

बिजली

वह जिस्म से जितनी हाहाकारी थी, उतनी ही जबान से। उसकी एक निगाह भर से लोग निहाल हो जाते थे, कुछ तो हलाल हो जाते थे। वह जब आगे से चलते दिखती तो कयामत ढाती, पीछे से चलते दिख जाए तो कत्ल का औजार होती। उसके इतने नाम थे कि पुख्ता तौर पर पता न था कि असली कौन सा है। मैं तो उसे बिजली कहता था। वह नाचती तो वैसा ही करंट मारती थी, जैसा कि अपने करीब आने पर झटका देती थी। न जाने क्यों कभी उसने मुझसे ग्राहकों-सा सलूक नहीं किया। जबान की कितनी ही तीखी थी, मैंने पाया कि वह एक बात की पक्की थी, जिस्म को नापाक नहीं करने देगी। क्या? ऐसा भी हो सकता है कि कोई बारबाला किसी से जिस्मानी ताल्लुकात न रखे? मेरे सामने जो था, वह तो कुछ ऐसा ही था।

बिल्लौरी आँखें, भरा हुआ गदराया जिस्म, उन्नत उरोज, लम्बा कद, रंगत ऐसी गोरी कि कलाई थाम लो तो नील पड़ जाए। इस पंजाबन का रूप और यौवन ऐसा हाहाकारी था कि ऐसा कौन था, जो उसे हासिल करने के लिए मचल न जाता।

जैसा कि बारबालाओं के संसार का चलन है, कोई लड़की असली नाम नहीं बताती, उसने भी नहीं बताया। कभी नहीं। कभी वह रज्जो हो जाती, कभी सिमरन, कभी बिल्लो, कभी सरजीत कौर? जितनों से वह मिलती, नया नाम थमा देती। कुछ लोग उसे बिल्लो कहते, कुछ छमिया, कुछ ने कँटीली नाम दिया था, किसी के लिए वह 'कट्टर माल' थी। मैं उसे 'बिजली' नाम से पुकारता था।

पंजाब के किस शहर-पिंड से थी, यह किसी को पक्का पता नहीं। वो बस कह देती, जलंधर से हूँ। मान लेना होता था कि वह जलंधर से है। अमृतसर या लोंगोवाल भी कह देती तो कोई क्या बिगाड़ लेता?

पक्की 'आतंकवादी' थी। जिसके आगे एक बार पड़ जाती तो उसका 'मरना'

तय था। किसी काम का न रहता। कमर से नीचे तक जा रही लम्बी चोटी के साथ जब चलती तो शोहदे भी उसके पीछे लगना नहीं भूलते, यह जानते हुए भी कि निकाल चप्पल गाल लाल करने में भी देर नहीं लगाएगी। बिजली के साथ सबसे शानदार बात यह थी कि कोई पुलिस वाला या गुंडा कभी उस पर रौब नहीं गाँठ पाया। किसी ने निकालकर घोड़ा दिखाया तो वहीं कर दिया उसका हिसाब-किताब बराबर, ''रख ले अन्दर, कहीं ऐसा न हो जाए कि लोग कहें एक औरत से हार के आया है। ये सब नहीं चलता मेरे पास।''

अपने बालों से खेलती इस उम्र में भी बिजली को देखकर नशा न हो तो बेकार है उसकी जिन्दगी। वह जलवा बरकरार था। मिले भी तो कुल सात-आठ साल हो गए। अपनी खास सहेली के घर बुलाया था। भरपूर निगाह देखकर मोटी-सी चोटी पीछे करते हुए बोली, ''आप भी कम चिपकू नहीं हो।''

''चिपकू नहीं होता, तो जो आज हूँ, वो नहीं होता।'' मैंने भी नारदीय पैंतरा खेला।

''सही बात है। आपका काम ही ऐसा है। पीछे पड़ो नहीं तो कोई घास न डाले।'' बड़ी समझदारी की बात बोलती-सी लगी बिजली।

''आपसे चिपकने का मतलब तो पता ही है।''

''बिल्कुल पता है। कर लो आप मन की।''

''आज तक तो किसी को मन की करने नहीं दी, मुझ पर ये नजरे-इनायत क्यों?''

''इनसान देखकर करते हैं इनायत। टुच्चों को कहाँ ये मौका कि मेरे साथ बैठ कर एक चाय भी पी ले।''

''जहे-नसीब, हम टुच्चों से ऊपर की श्रेणी में तो हैं।''

''आप फुल बदमाशों में हैं। जिसके पीछे पड़ जाएँ, उसकी खैर नहीं। खूब पढ़ा है मैंने आपको 'जनसत्ता' में।''

''आप वो अखबार पढ़ती थीं?'' अब मेरे ताज्जुब करने की बारी थी।

''बिल्कुल पढ़ती थी। पूरा पढ़ती थी। प्रभाष जोशी थे एक लेखक आपके, टेनिस से क्रिकेट तक, पॉलिटिक्स से पेड़ों तक, वे जो लिखते सब पढ़ती थी। आप जो लिखते थे, सब पढ़ती थी। और वो 'सबरंग' पत्रिका जो रविवार को आती थी, क्या अच्छी थी। उसे भी पढ़ने में खूब मजा आता था। 'रविवार' आती थी, सारा हफ्ता पढ़ती थी। उसके एक लेखक थे धीरेंदर...''

''धीरेंदर नहीं, धीरेंद्र अस्थाना। उसके सम्पादक थे।'' मैंने बात काट कर उसे दुरुस्त किया तो वह जल्दी से बोल पड़ी।

''वो ही धीरेंदर असथाना...उनको भी पढ़ती थी। जब वो जल्दी खत्म हो जाती तो इन्तजार रहता था। बन्द क्यों हो गया वो अखबार?'' बिजली ने ऐसा

सवाल कर दिया, जिसका उत्तर मेरे पास आज भी नहीं है।

''जाने दीजिए, होगा उनका कोई कारण।'' मैंने बात पलटी, ''अखबारों का क्या है, आते हैं-जाते हैं।''

''इनसानों की तरह।'' बिजली का फलसफा सामने आया।

''हूँ? कुछ काम की बातें भी हो जाएँ।''

''काम की बात ये कि पंजाब की मट्ठियाँ लाई हूँ, हो जाए चाय के साथ?''

''मैं चाय तो पीता नहीं लेकिन एक कप कॉफी के लिए पूछेंगी तो मना नहीं करूँगा। साथ में वो मट्ठियाँ मिल जाएँगी तो मजा दोगुना हो जाएगा।'' बेतकल्लुफ होकर मैंने कहा तो बिजली ने बड़ी-बड़ी आँखें अपनी सहेली की ओर घुमाते हुए इशारा किया कि देख ले कितना बेशर्म इनसान है। जा, बना ला कॉफी इस मरदूद के लिए। मैं उसकी इशारेबाजी देखकर हँस पड़ा। वह हल्की-सी शरमाती हुई मुस्कुराई।

''यही कुछ है, जो किसी जीव को स्त्री बनाता है। आपको देखकर नहीं लगता कि डांस बारों की वो आततायी किस्म की बारबाला हैं।'' मैंने फिर पत्रकारों वाला पैंतरा फेंका जो सही निशाने पर नहीं लगा।

''हूँ तो औरत ही न साहेबजी। मर भी जाऊँ तो इस शरीर से कैसे छुटकारा मिलेगा। और जो रब ने दिल रखकर भेजा है, वह तो कोई नहीं निकाल ले जाएगा ना?'' कोई और दिन होता तो इस जुमले पर भी बिजली का जोरदार झटका लगना तय था। लेकिन शायद अब वो करंट नहीं रह गया था।

''घर-परिवार के बारे में कुछ बताएँ। क्या था? कैसा था? कौन-कौन थे? कैसी जिन्दगी थी? सब कुछ बताएँ। पूरी तरह खोल कर।''

''सुन लो जी, मेरा क्या जाना है। आज तक तो लोग हैं कि कपड़े खोल कर देखने की जिद करते थे, आप पहले मरद हैं जो दिल खोल कर देखने चले हैं। क्या पा लेंगे, पता नहीं। खून मिल जाए तो भी बहुत है। जो मिलेगा, वो भी काला ही होगा, लाल तो बचा नहीं।''

''क्यों?'' यह पूछना लाजमी था।

''इतना ठगा लोगों को, अब तो खून भी काला हो गया होगा। दिल और जुबान तो काली हो ही गई पहले से। मन काला कर ही रखा है।'' बिजली का फलसफा झाड़ना तो पहले भी कम न था, अब मर्ज और बढ़ गया लगता था। बड़े दुखी मन से बाएँ हाथ से दाएँ हाथ की अँगुलियाँ पुटकाते हुए बोली।

मैं चुप लगा गया। ऐसी बात पर भला क्या कहता जो एक औरत अपने बदकार होने पर कहे। मैंने उसकी अच्छाइयाँ देखी थीं, इस बात पर कुछ कहना ठीक न लगा। मुझे चुप देखकर वह आगे बढ़ गई।

''गाँव में बाप की जमीनें बड़ी हैं। कितने एकड़, यह तो याद नहीं लेकिन जहाँ

तक नजर दौड़ा लो जी, अपने ही खेत थे। भाई थे, बहनें थीं, चाचा और उनके परिवार थे। ऐसा भरा-पूरा खानदान कि आसपास के सौ पिंड में न मिलेगा। घर के बरामदे में तंदूर लगा था। दस सेर आटे की रोटियाँ एक वक्त बनती थीं, तब जाकर घर में पूरा पड़ता था। ट्रैक्टर थे, जीप थीं, और जी मौज ही मौज थी। माँ तो मेरी ऐसी कि अल्ला की गाय। उससे सीधी औरत तो मैंने अपनी जिन्दगी में कभी न देखी।''

''तो ये 'डिफेक्टेड पीस' कैसे आया ऐसी सुधरी हुई माँ से?''

''ओहो, ये कोई बात हुई? बचपन से ही बड़ी शरारती थी। लगता था कि कुछ ऐसा करूँगी, जो सौ कोस तक में किसी लड़की ने नहीं किया होगा। जब जवान हुई तो आसपास के सारे लड़के-जवान बस मेरे दीवाने थे। हाईस्कूल भी ठीक से न कर पाई, सिनेमा के शौक ने मेरा दिमाग खराब कर दिया। सारा दिन हाय-हाय मची रहती मेरे। वो हीरोइन ने ऐसा कपड़ा पहना, वो हिरोइन ऐसे चलती है, वो हिरोइन ऐसे बात करती है, वो हीरोइन के पीछे जमाना लट्टू है। बस एक ही बात, एक ही ख्वाब था।''

''और यही मुम्बई ले आया, है न?''

''फिल्मों का जुनून ले आया इस नामुराद शहर में। लगता था सारे लौंडे मेरे दीदार के लिए मर रहे हैं। जिसके सामने से निकलती, वो मेरा दीवाना था। हर बन्दा मुझे हीरोइन-हीरोइन कहता, मेरी तो मति मारी गई। लगा कि हीरोइन ही बन जाऊँ। चली आई बाप की अलमारी से पैसे और जेवर निकालकर। बम्बई आ तो गई, जाती कहाँ? किसके पास जाती कि मुझे भी हीरोइन बना देता। मेरे पास कोई ठौर-ठिकाना तो पहले से तय था नहीं।'' बिजली को पहली बार ऐसा शान्त और गम्भीर देख रहा था।

''वीटी स्टेशन पहुँची तो बाहर मिला एक सिख टैक्सीवाला। ऐसा मीठा बोला कि लगा ये ही रब का नेक बन्दा है। सीधा ले गया अपने साथ घर। वहाँ अपनी बीवी से पंजाबी में बोला कि कुड़ी पिंड से भाग कर आई लगती है। जब उसकी बीवी ने मुझसे पूछा तो मैंने भी सच बता दिया। वह कोशिश करती रह गई, मैंने न अपने पिंड का नाम बताया, न अपना सही नाम, और न ही माँ-बाप का। बड़ी हैरान हुई बेचारी। बोली कि क्या करना है, तो मैं भी पागलों-सी कहती रही कि हीरोइन बनूँगी। उसने जाकर बताया अपने पति को मेरा किया-धरा। वो बेचारा सिर पकड़ कर बैठ गया। उसने भी मुझे बहुत समझाया कि मुम्बई बड़ी खराब जगह है, न अपनी जिन्दगी बरबाद करूँ, न खानदान का नाम खराब करूँ। माँ-बाप गाँव में परेशान होते होंगे, कम से कम एक फोन कर दे, एक तार ही कर दे, वो आकर ले जाएँगे तुझे वापस। मेरी जिद ऐसी कि बेचारे दारजी हैरान हो गए। आखिर बोले कि तू जितने दिन मरजी हो यहीं रह। ध्यान रक्खी, तू सिक्खणी है, कितनी ही तकलीफ

हो, कभी कोई गलत काम न करना। कोई गलत काम के लिए बोले तो सुनना नहीं। मैंने भी उनका दिल रखने के लिए कौल उठा लिया।'' ऐसा लग रहा था कि बिजली नहीं, कोई औरत अरदास में हो। सरदारजी के बारे में बात करते हुए बिजली के चेहरे पर एक अलग ही भाव आ गया था।

''मैं चली अगले दिन से खोजने फिल्मों में काम। इस दफ्तर, उस दर, कहीं कुछ न मिला। मिली तो जिल्लत और रुसवाई। जल्द समझ आ गया कि क्या करने आई थी, क्या बनती जा रही हूँ। किसी तरह टैक्सी वाले दारजी के घर रहती रही। बेटी की तरह प्यार करते थे दोनों मुझे।''

'' 'थे' का मतलब?''

''थे यानी हैं।'' वह कुछ हड़बड़ा-सी गई, ऐसा सवाल अपेक्षित न था, ''आज भी जिन्दा हैं। वाहेगुरू उनको मेरी भी उमर लगा दे। बड़े नेक बन्दे हैं।''

''ऐसे ही कितने नेक बन्दे और मिले आपको?''

''और एक-दो ही मिले होंगे। कुछ ज्यादा नहीं। दिल्ली ठगों की है, मुम्बई मतलबियों की है जी। बहुत कोशिश की तो एक दफ्तर में रिसेप्शनिस्ट की नौकरी मिल गई। पता चला कि यह नौकरी नहीं थी, बॉस ने देखा तो दिल आ गया था। उसे कुछ रातें रंगीन करनी थीं, सोचा नौकरी देंगे, अपने आप बिछेगी। एक बार कोशिश की तो सबके बीच तमाचा खाया उसने, मैंने बाहर का रास्ता लिया। लगता है दारजी को दिया कौल जरूरत से ज्यादा गम्भीरता से ले लिया था।''

''अब मैं फिर सड़क पर थी। कहाँ जाती? क्या करती? कुछ समझ नहीं आ रहा था। दोस्ती तो बहुतों से कर चुकी थी। उनमें से एक पास ही रहने वाली बारवाली थी। मैंने उससे कहा तो सीधी ले गई अपने साथ माणिक भाई के पास। कमाल का हरामी था।'' बिजली की मोटी-मोटी आँखें और भी चौड़ी हो गईं, जब उसने माणिक भाई के बारे में बताना शुरू किया।

''मटके में नम्बर वन। जो आँकड़ा खेल दे, वो लगना तय होता था। सट्टे का सधा हुआ खिलाड़ी। बता दे कि आज कितने रन पर कौन-सी टीम आउट होगी, तो उस पर रकम लगा दो, तिजोरी फट पड़े इतना पैसा मिलना तय। उसकी एक बारमालिक से गहरी दोस्ती थी। अपने साथ ले गया। बारमालिक दारा से मिलाया। दारा ने कहा कि क्या जरूरत है तुझे नाचने-गाने की। मेरे साथ रह, तेरी हर जरूरत और ख्वाहिश पूरी करूँगा। बार में काम करेगी तो हर रात सौ की बनेगी, मेरे साथ एक की होकर रह जा। यह सुन कर मैं हैरान तो हुई लेकिन ताज्जुब न हुआ। अदब से ही सही लेकिन दारा को दो टूक सुना दिया। वो हैरान रह गया। कहने लगा कि ऐसी लड़की बार में रहेगी तो अगले दिन से यहाँ मेला लगेगा। उसने रख लिया। कुछ नोट निकाले और माणिक भाई के हाथ में रख दिए। कहा कि जाकर मेरे लायक कपड़े खरीद लाएँ। हम साथ गए और वह काम भी कर लिया। उस रात

देखा कि वहाँ क्या-कैसे चलता है। सब समझ आ गया। आखिर हूँ तो औरत जात। मर्दों की जरूरत क्या है, यह समझती तो थी ही।''

''कॉफी।'' सहेली कब सामने आ खड़ी हुई, पता ही न चला। वह मेरे सामने काफी मग थामा हाथ बढ़ा रही थी।

मैंने कॉफी मग हाथ में लिया और बिना उनके बोले ही मट्ठी भी उठा ली। काली मिर्च और अजवाईन डली इस मट्ठी के साथ कॉफी का मजा ही कुछ निराला है। बिजली ने चाय की तरफ हाथ भी नहीं बढ़ाया।

''अगले दिन से वो सब मैं भी करने लगी, जो तमाम लड़कियाँ वहाँ कर रही थीं। नाचना थोड़ा, नचाना ज्यादा। लोग थे कि मेरे लिए पागल हुए जाते थे। मैं थी कि सबको हड़काती रहती। कभी पुलिस वाले आए तो उनके भी हाथ नहीं लगी। किसी ने अधिक जोर-जबरदस्ती की तो सीधे कटार निकालकर खुद के पेट पर रख ली। बोल देती कि पेट में मार लूँगी और जब पुलिस केस होगा तो मरने के पहले तेरा ही नाम ले दूँगी। बचाते रहना अपनी वर्दी, अपना परिवार, अपनी इज्जत। साला जेल जाएगा सो अलग। कोई पुलिसवाला कभी मेरे पास नहीं फटका। नशे में धुत्त लोगों को तो खुद भी पकड़ कर उनकी कुर्सी पर बैठा देती थी। किसी ने जबरन साथ ले जाना चाहा तो पूरे पंजाबी झटके खाए।''

''कभी अंडरवर्ल्ड के किसी बन्दे ने नहीं दबोचा?'' मैं हैरान नहीं था। मुझे पता था कि बिजली के साथ ऐसा कभी हुआ नहीं था। वह किसी का बिस्तर गर्म करने आज तक कभी नहीं गई थी। फिर भी उसी के मुँह से सुनना चाहता था।

''हुआ था। ऐसा भी एक बार हुआ था। एक बन्दे ने दो पिस्तौलें निकालकर सामने रख दीं। मैंने भी उसकी बोलती बन्द कर दी। मैं बोली कि तू तो चूहा है। औरत को हथियार क्या दिखाता है। जिसे करना होता है, वो हथियार दिखाता नहीं, चलाता है। और जो काम एक हथियार से कर लेता है, उसके लिए दो दिखाने की जरूरत नहीं होती। रख अपने सामान अन्दर, और निकल ले। मैंने अपने हथियार इस्तेमाल कर लिए तो कहीं दिखने का नहीं।'' बिजली की उदासी कुछ कम हुई सी लगी। उसने जब यह किस्सा सुनाया तो बड़ी गर्वित-सी लगी।

पर नहीं, वह तो अभी तक पिघली हुई ही थी, ''जो आता, प्यार के नाम पर कमर के नीचे ही टटोलता। काश, कोई मेरा मन भी पढ़ लेता! न जाने मेरे कितने प्रेमी आए और गए। न जाने कितनों ने मुझ पर जिन्दगी-भर की कमाई लुटा दी। मैं थी कि टैक्सी वाले दारजी का घर भरती रही। वो मेरे नाम से सारा पैसा उठाकर बैंक में जमा करते रहे। कहते कि तू और तेरा पैसा किसी की अमानत है, वाहेगुरू ने चाहा तो एक दिन वापस जरूर करेंगे।''

''उनकी इच्छा वाहेगुरू पूरी कर देते तो कितना अच्छा होता। बिजली का टूटा मन अब जिन्दगी के टूटे आईऩे की किरचों में अपना अक्स खोजने की कोशिश

कर रहा था। एक नहीं हजार बिजलियाँ दिख रही थीं, वो बचपन वाली बिजली तो उन हजारों अक्सों में कहीं गुम हो गई लगती थी। बिजली बोलती रही, ''मेरी जिन्दगी में अब घर का सुख था ही नहीं। हर दिन मेरा एक नया घर बनना लिखा था। मैं भी जिद्दी थी। भाग्य को हर दिन चुनौती देती थी। कभी किसी को अपने जिस्म की अन्दरूनी रंगत न दिखने दी। लोग तरसते रह गए। मैं भी एक अदद प्रेमी और पति के लिए तरसती रह गई। मैं तो ऐसी मछली हूँ जो सारी जिन्दगी समन्दर में रही लेकिन प्यासी रह गई।''

''अब?''

''अब क्या! जो होना था हो गुजरा, अब तो दारजी हैं, उनकी बीवी हैं, मैं हूँ। मेरे घर लौटने की आस में दोनों जीते हैं, मैं उनकी आस तोड़ने की कवायद करती जीती हूँ। वे अपनी जिद से नहीं जाते, मैं अपनी जिद नहीं टूटने देती। सच तो यह है कि किस मुँह से लौटूँ। अब कौन है वहाँ जो मुझे पहचानेगा? कोई पहचान भी ले तो अपनाएगा कौन मुझे? दारजी को भरोसा है, मुझे नहीं।''

सहेली ने ठंडी होती चाय का मग उठाकर बिजली के सामने कर दिया तो उसने चुपचाप हाथों में थाम लिया। पकड़ा भी तो पेंदे की ओर से। यह थी जिन्दगी सहेजने की कवायद जैसी, तल्ले से ही ठीक करने कोशिश सरीखी।

''लगता है कि कुछ नहीं बचा जिन्दगी में। कुछ दिन रहे हैं, किसी तरह ये भी कट जाएँगे। बस एक ही कमी है मुम्बई की, कितना ही कमा लो, कम है। ये बात और है कि रोज का दस रुपए कमाने वाला भी पेट भर खा लेता है, एक करोड़ रुपए कमाने वाले का कभी पेट नहीं भरता। एक बार अच्छे से रहने की आदत पड़ जाए तो कम पैसे कमा कर काम नहीं चलता मुम्बई में। जरूरतें अपने-आप बढ़ती जाती हैं।''

बिजली की फिलासफी फिर सामने आ गई। वह आगे बोली तब पता चला कि क्या भूमिका बाँध रही थी, ''जब सरकार ने बारबन्दी का फैसला लिया तो मेरी भी हालत खराब हो गई। कुछ दिनों तो समझ ही नहीं आया कि क्या करें। इसके बाद मैंने नया तरीका निकाला। कुछ लड़कियों को अपने साथ लिया। पुराने ग्राहकों को फोन किया। उनसे कहा कि किसी होटल में कमरा बुक करें, या कोई बँगला किराए पर लें। कहीं भी मड-मार्वे में, लोनावाला में, खंडाला या दमन-दीव में, पनवेल या श्रीवर्धन में, हम नाचने आएँगी। जिसे रात रंगीन करनी है, उसके लिए मनपसन्द लड़की भी होगी, बस कोई नहीं मिलेगी तो मैं खुद। किसी को लगा कि ऐसा कुछ कर लेंगे तो मैं भी एक न एक दिन उनकी दिलजोई का सामान बन जाऊँगी।''

''वाकई?''

ठठ्ठा मार कर हँसी बिजली, एकदम तेज बारिश में भीगती और कड़कती

आसमानी बिजली की तरह, फिर बड़ी शोखी से मेरी ओर झुकते हुए जिस्म की सबसे शानदार दौलत के दीदार करवाते हुए बोली, ''कोई सोचता है कि मेरे लिए कुछ करेगा तो एक न एक दिन उसका बिस्तर जरूर गरम करूँगी, तो खामखयाली भी है, खुशफहमी भी। जिसने भी प्राइवेट मुजरा रखा, वो यही सोचकर रखता था। मेरे साथ वाली लड़कियाँ तो उनके लिए होती थीं, मैं कभी नहीं। कुछ ने इस चक्कर में निजी तौर पर दावतें रखीं कि पुलिस और बाकी पंगों से दूर रहेंगे। मेरा काम चल पड़ा। अब भी मजे में हूँ। महीने-भर में 10 प्राइवेट मुजरे मिल ही जाते हैं। सुखी हूँ।''

''क्या वाकई?''

पल-भर चुप रहकर बिजली ने कहा, ''नहीं।'' फिर मुस्कुराई और मुँह फेर लिया।

मैं जानता था कि उसने ऐसा क्यों किया है। आँसू दिखाना इस धन्धे में कभी अच्छा नहीं माना जाता। बिजली गरजे और आसमान बरसे नहीं, यह कभी होता है क्या? बिजली भी तो आखिरकार औरत ही है। उसके बाहरी तौर पर तड़कने-भड़कने का मतलब कतई नहीं कि अन्दर पानी नहीं होगा। जरा-सा मन सीला नहीं कि अन्दर घुटती भाप आँखों से पानी बनकर बरसने लगती है।

''कब होगी फिर मुलाकात?'' मैंने उठते हुए पूछा।

''जब आपकी इच्छा हो, बाकी तो वो मालिक है।'' उसने दाएँ हाथ की एक अंगुली ऊपर की दिशा में कर दी।

''अच्छा जी, रब राखा।'' मैंने बोझिल माहौल को कुछ हल्का करने के लिए कहा तो असर उलटा हुआ। वह बादल फट पड़ा, पानी की धार बह निकली। यह भी जरूरी था। काफी दिनों से बन्द पड़ा था ये रेला भी, अब बह चला था तो कुछ न कुछ बोझ हलका हो ही जाएगा। मैं वहाँ से निकल आया। उस सैलाब में बह जाने का डर जो सताने लगा था।

जब निकल रहा था, बिजली में एक बड़ा बदलाव दिखा। मिलने आया था तो वह बेफिक्र दोनों पाँव खोले बैठी थी। एक पाँव सोफे के ऊपर था, दूसरा नीचे लटका हुआ। जब लौट रहा था, दोनों पाँव सोफे के ऊपर तिरछे एक-दूसरे पर रखे नजर आ रहे थे।

बे-निशां

मीरा रोड का वह छोटा-सा घर अजब मनहूसियत से भरा हुआ था। वहाँ एक अदद बूढ़ी प्रेतात्मा तमन्ना मिर्जा बसती थी। घर की हर दीवार पर अपना सिर पटकती हुई। दरअसल कुछ अर्सा पहले अपनी जवान बेटी निशा की लाश घर लाई थी। अब उसकी दो अंतिम निशानियाँ यानी निशा की दोनों अबोध बेटियों को उसका बाप घर से अगवा करके ले गया। नातिनों की वापसी की भीख हर आए-गए के सामने रो-रोकर झोली फैलाकर माँगती है। पुलिस में शिकायत दर्ज की लेकिन इस बूढ़ी औरत की फरियाद किसी ने नहीं सुनी। अब वह बस अपनी मौत की दुआ माँगती है। निशा तो बेनिशां हो गई, ढेरों निशान दिल पर छोड़ गई।

पैसों का मोह उसे ले गया दुबई तक नाचने के लिए...

घर को पालने की मजबूरी उसे ले गई मुम्बई के बीयर बारों में नाचने के लिए...

लेकिन उसे क्या पता था कि यहाँ उसके लिए खूबसूरत जिन्दगी नहीं बल्कि मौत बसती है...

निशा दुबई गई तो खूब सारे पैसे कमाने थी लेकिन वहाँ उसके ही ग्रुप लीडर यानी दलाल टीपू की निर्दयता और बर्बर रवैये ने न केवल निशा के सपने खत्म कर दिए और उसे बेमौत मार डाला बल्कि उसकी माँ तमन्ना मिर्जा के सपने भी खत्म कर दिए। उसके छोटे-छोटे दो भाइयों का सहारा और दो जून की रोटी भी छीन ली।

निशा की माँ तमन्ना मिर्जा मेरे सामने थीं। छोटे से फ्लैट में वह सामने बैठी सुबक रही थीं। उनसे बस निशा का नाम लेने की देर होती है, उनके अन्दर की माँ का हृदय दहाड़ें मार-मार कर रोने लगता है। वे बस पछाड़ खाकर सामने गिर नहीं रही थीं, उनके चेहरे पर बसी वेदना बयान करती थी कि निशा की मौत ने उनकी क्या हालत बना दी है।

वे रो-रोकर कहती हैं, ''मेरी निशा को टीपू तीन महीने के लिए एक लाख रुपए देने का वादा करके दुबई ले गया। वहाँ ले जाने के बाद निशा से टीपू ने काफी खराब बरताव किया।''

''मसलन ?'' यह भी तो जानना जरूरी था कि किस तरह के अत्याचार कर रहा था टीपू।

उनके चेहरे पर अब वेदना के साथ नफरत जाग जाती है, ''एक दिन निशा के साथ काम करने वाली सारी लड़कियाँ बार बन्द होने के कारण छुट्टी पर गईं। निशा की उस दिन तबीयत खराब थी। वह जाना नहीं चाहती थी। टीपू उसे जिद करके साथ ले गया। निशा को उस दिन काफी तेज बुखार था। निशा बार-बार टीपू से कहती रही कि वह कहीं नहीं जाएगी, थोड़ा आराम कर लेगी तो ठीक हो जाएगी। टीपू को न जाने क्या नशा चढ़ा था।

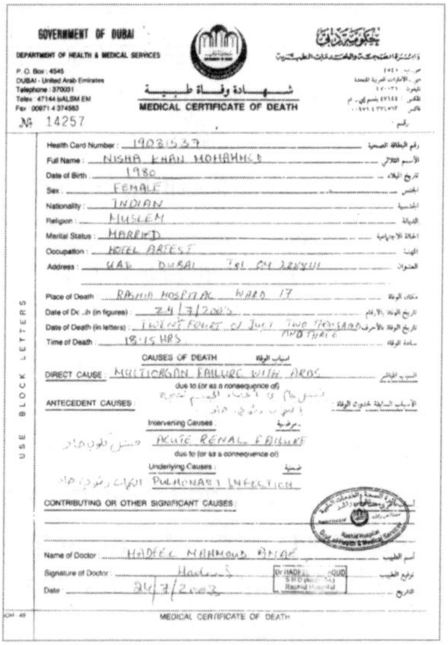

GOVERNMENT OF DUBAI
DEPARTMENT OF HEALTH & MEDICAL SERVICES
P. O. Box : 4545
DUBAI - United Arab Emirates
Telephone : 370031
Telex : 47144 bALSM EM
Fax : 00971 4 374563

شهادة وفاة طبية
MEDICAL CERTIFICATE OF DEATH

№ 14257

USE BLOCK LETTERS

Health Card Number : 19031537
Full Name : NISHA KHAN MOHAMMED
Date of Birth : 1980
Sex : FEMALE
Nationality : INDIAN
Religion : MUSLEM
Marital Status : MARRIED
Occupation : HOTEL ARTEST
Address : UAE DUBAI Tel 050 2284111

Place of Death : RASHID HOSPITAL WARD 17
Date of Death (in figures) : 24/7/2003
Date of Death (in letters) : TWENTY FOURT OF JULY TWO THOUSAND AND THREE
Time of Death : 18:15 HRS

CAUSES OF DEATH

DIRECT CAUSE : MULTIORGAN FAILURE WITH ARDS
due to (or as a consequence of)
ANTECEDENT CAUSES :
Intervening Causes : ACUTE RENAL FAILURE
due to (or as a consequence of)
Underlying Causes : PULMONARY INFECTION

CONTRIBUTING OR OTHER SIGNIFICANT CAUSES :

Name of Doctor : HADEEL MAHMOUD AMAR
Signature of Doctor :
Date : 24/7/2003

MEDICAL CERTIFICATE OF DEATH

निशा मिर्जा की मृत्यु में हुई। उससे जुड़ा दस्तावेज-1

UNITED ARAB EMIRATES
MINISTRY OF HEALTH
DEPT. OF PREVENTIVE MEDICINE
Death Certificate
Name: NISHA KHAN MOHAMMAD MEHDI
Nationality: FEMALE / INDIAN
Religion: MUSLIM
Marital Status: MARRIED
Age: 22/10/1977
Address: DUBAI
Place of Death: RASHID HOSPITAL/- DUBAI
Date of Death (in figures): 24/7/2003
Date of Death (in letters): TWENTY FOUR JULY TWO THOUSAND THREE
Actual cause of death: ACUTE LUNG INFLAMATION.
Registration No.: 944/2003
Date of issue: 26/7/2003

निशा मिर्जा की मृत्यु में हुई। उससे जुड़ा दस्तावेज–2

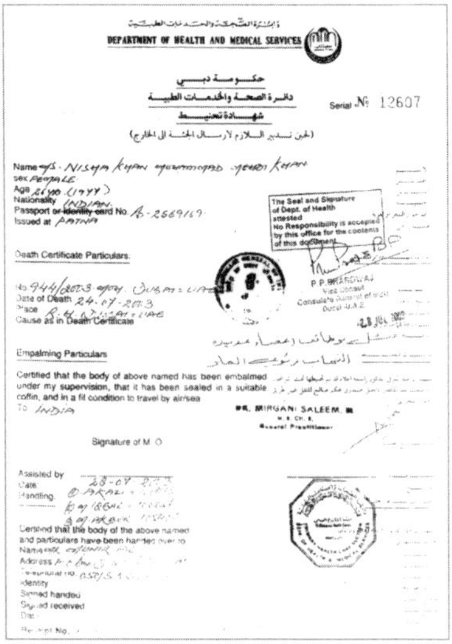
DEPARTMENT OF HEALTH AND MEDICAL SERVICES
Serial № 12607
Death Certificate Particulars
Embalming Particulars
Certified that the body of above named has been embalmed under my supervision, that it has been sealed in a suitable coffin, and in a fit condition to travel by airsea
DR. MIRGANI SALEEM
Signature of M.O.

निशा मिर्जा की मृत्यु में हुई। उससे जुड़ा दस्तावेज–3

वह जबरन निशा को अपने साथ घुमाने ले गया।''

''निशा ने आपको बताया था यह सब?'' मेरी उत्कंठा बढ़ने लगी थी।

उन्होंने अपना दुपट्टा उठाकर होंठों पर लगा लिया और लगभग रोते हुए कहा, ''हाँ, उसने बताया था कि टीपू सारे दिन लड़कियों को लेकर दुबई की धूप में घूमता रहा। बीमार निशा भी उसके साथ जबरन घूम रही थी। वे लोग एक होटल पहुँचे। वहाँ सारी लड़कियाँ स्वीमिंग पूल में नहाने लगीं। निशा बीमार थी, जिसके चलते उसने इनकार कर दिया पानी में उतरने से। वह अपने साथ नहाने और बाद में बदलने के लिए कपड़े भी नहीं ले गई थी। निशा का इनकार टीपू ने नहीं सुना। टीपू ने निशा को जबरन पानी में धकेल दिया। वह तो पहले बुखार में थी, ऊपर से पानी में जाकर उसकी हालत और बिगड़ने लगी।''

सुबकते हुए तमन्ना कहती हैं। उनकी बातें कुछ तो समझ आती हैं, कुछ नहीं। बीच-बीच में रुक-रुककर फिर दोहराती हैं अपनी बात, जो उनके ही रुँधे गले में घुट जाती थी, ''निशा भीगे कपड़ों में ही सबके साथ होटल से बाहर आई। सारी लड़कियों को लेकर टीपू शाम तक घूमता रहा। निशा भी उसके साथ ही गीले कपड़ों में मजबूरन घूमती रही। इससे निशा की तबीयत और खराब हो गई। वह सख्त बीमार पड़ गई लेकिन टीपू और होटल मालिक ने निशा की सुध नहीं ली। उसे न तो इलाज दिया, न उसे वापस मुम्बई लौटने दिया।''

तमन्ना बताती हैं, ''निशा ने अपने पैसे, गहने और घर आकर एडवांस के पैसे वापस करने का वादा टीपू से किया ताकि वो निशा को वापस मुम्बई भेज दे। लेकिन टीपू ने यह सुनकर गुस्से में निशा को बहुत पीटा, जिससे वह कोमा में चली गई। बाद में वह कुछ समय के लिए कोमा से बाहर आई लेकिन कुछ ही दिनों में दुबई में ही उसकी मौत हो गई। उसे सही इलाज मिलता तो बच जाती।''

टीपू और होटल मालिक इसके बाद भी तमन्ना पर नहीं पसीजे। उन्होंने बस निशा की लाश उनके हवाले की। उसके पैसे तक नहीं दिए। जिस्म पर जो गहने थे, सिर्फ वे ही वापस किए।

तमन्ना के दिल में निशा को खोने की टीस थी, जबकि टीपू के लिए बेइन्तिहा नफरत। ''टीपू मुम्बई का सबसे बड़ा दलाल है। वो दुबई और खाड़ी देशों के कम से कम 50 डांसबारों को लड़कियों की सप्लाई करता है। उसके गिरोह में दो दर्जन से अधिक छोटे दलाल हैं जो उसके लिए मुम्बई के अलग-अलग इलाकों से लड़कियाँ जुटाते हैं।''

दो नन्ही-सी परियाँ निशा की माँ तमन्ना मिर्जा के घर को दिन-भर गुलजार रखती थीं। उनके नाम हैं शफक और जोया...अब वे दोनों इस घर में नहीं हैं, बस, हैं तो उनकी यादें...और ढेर सारे आँसू...और नानी तमन्ना मिर्जा की सूनी-सूनी गोद और इन्तजार में ताकती आँसुओं से भरी आँखें...

निशा की मौत के बाद शफक और जोया को मुनीर शेख झाँसा देकर अबूधाबी ले गया कि वह इन बच्चियों को बेहद अच्छे से पालेगा-पोसेगा, उनकी जिन्दगी बना देगा, और वक्त पड़ने पर तमन्ना मिर्जा को भी अपने पास बुला लेगा। लेकिन ऐसा कुछ नहीं हुआ। उसने तमन्ना मिर्जा को बेवकूफ बनाया। वह कहता है कि इन बच्चियों को भी देहव्यापार के घिनौने धन्धे में डालेगा।

पुलिस में शिकायतें करके तमन्ना मिर्जा थक चुकी हैं लेकिन कुछ नहीं हुआ। उनकी नातिनों शफक और जोया की अबूधाबी से वापसी के लिए पुलिस ने न कोई कार्रवाई की, न उनके बारे में किसी तरह का जवाब तमन्ना को दिया। उल्टे पुलिस ने भी उन पर बेतरह अत्याचार ही किए। तमन्ना को इन्तजार है कि कोई फरिश्ता आएगा और उनकी निशा की निशानियों को उस दरिंदे से छुड़ा कर भारत वापस लाएगा।

टूटा ख्वाब

शर्वरी सोनावणे देखने में भले ही साधारण लड़की लगे, वह पल-भर में शेरनी की तरह हमला करती है, क्षण-भर में पंख कटे पंछी-सी फरफरा कर जमीन पर आ गिरती है। शर्वरी अचानक तीखे शब्दबाणों और नेत्रों से निकलती आग से आपको राख कर देगी, क्षोभ एवं बेचारगी का भाव उभरते ही अचानक आँसुओं के सैलाब में आपको बहा भी देगी। यह साँवली सलोनी कन्या मजबूत जज्बे और इरादे वाली है, और कोई उसे ठगे, यह उसे बरदाश्त भी नहीं। विदेश ले जाकर वेश्यावृत्ति में धकेलने वालों के खिलाफ उसने थाने जाकर न केवल एफआईआर करवाने की हिम्मत दिखाई है, बल्कि दलालों और बारमालिकों के खिलाफ जिहाद छेड़ चुकी है। जो उसकी बात नहीं मानता, ऐसे हर व्यक्ति को शर्वरी बिके होने का ठप्पा लगाने में पल-भर की देर नहीं लगाती। उससे बात करने में भी भय लगता है लेकिन तसल्ली होती है कि वह एक उद्देश्य के लिए लड़ रही है। और हाँ, वह बारबाला नहीं है।

शिकायती	—	शर्वरी सोनावणे
उम्र	—	32 साल
एफआईआर नम्बर	—	24/12
थाना	—	डीएन नगर
शहर	—	मुम्बई
कानून	—	पीटा कानून की धारा 4, 5, 6 (3) अ के तहत
एफआईआर की तारीख	—	14 अगस्त 2012 को
पासपोर्ट नम्बर	—	एच 0217754
ठिकाना	—	फ्लैट नम्बर 92, पंचशील को-ऑप. हाउसिंग सोसायटी, रूम नम्बर सी-1, म्हाडा मालवणी,

		मालाड (प), मुम्बई
नामजद आरोपी	—	अनिल शेट्टी, जीवन, विम्मी शेख, सुजाता उर्फ प्रिया बंगालन

मुम्बई में छह साल से इसी पते पर रहने वाली शर्वरी एक सिंहनी है। लगे कि कोई उस पर हमला करने की नीयत रखता है, तो वह पलट कर भागती नहीं, सीधा हमला करती है। यह एफआईआर इसी का सबूत है।

नाशिक के पाथर्डी फाटा की मूल निवासी शर्वरी की मौसी भी अँधेरी (प) में ही रहती हैं। वह पहले मीरा रोड के कनकिया ले आउट इलाके में रहती थी। उसके बारे में यही पता है कि वो स्टेज शो करती रही है। कई धारावाहिकों में काम कर चुकी है। नाशिक और पुणे में भी स्टेज शो कर चुकी है। साथ ही लन्दन, अमरीका, दुबई, बहरीन, मस्कट जैसे देशों में स्टेज शो के लिए कई बार गई है। इसी कारण उसे फिल्म जगत में काफी लोग पहचानते हैं।

उस दिन शर्वरी सामने बैठी थी। मेरे एक मित्र ने भेजा था। वह मिली तो उसने पहला सवाल दागा, ''आप भी बाकी पत्रकारों की तरह बिक तो नहीं जाओगे?''

यह हमला अप्रत्याशित तो था, लेकिन पहला नहीं। ऐसे सवाल सन 2000 के बाद कुछ अधिक ही सुनने पड़ रहे थे। आदत-सी पड़ गई थी। लोग एक पत्रकार के पास इस उम्मीद से जाते हैं कि वह उनकी लड़ाई लड़ेगा। उस दबे-कुचले या सताए इनसान की सूचनाएँ लोगों, सरकार व जाँच एजेंसियों तक पहुँचाकर पत्रकार अपना कर्तव्य पूरा करता है। इतने-भर से लोगों का मन नहीं भरता। वे चाहते हैं कि हर दिन सिर्फ उनकी ही खबर छापी या दिखाई जाती रहे। तब तक, जब तक कि उन्हें इंसाफ नहीं मिल जाता। शर्वरी भी उसी मानसिकता की थी। कुछ पत्रकारों से उसे धोखा मिला होगा, यह मैं समझ सकता था। जिस अफगान खान और देह के दलालों के नाम वह ले रही थी, वे प्रशासन, पुलिस, खुफिया अधिकारियों, नेताओं को धन-बल, विदेशी सोमरस और स्त्री-देहदान से काबू में करते रहे हैं। उनके लिए पत्रकारों को काबू में करना क्या बड़ी बात थी।

''यह तो वक्त बताएगा कि मैं बिकूँगा या नहीं।'' मैंने कुछ गुस्से में, तो कुछ चिढ़ से कहा, ''यह जरूर है कि जब बिकूँगा तो आपको जरूर बताऊँगा। और हाँ, मेरी कीमत इतनी बड़ी है कि आज तक कोई गैंगस्टर भी नहीं दे पाया। शायद आपको सताने वाले मुझे खरीद लें। देखते हैं क्या कीमत लगाते हैं मेरे जमीर की। अच्छी होगी तो बिकने में बुराई क्या है!''

''नहीं भइया, मेरा ये मतलब नहीं था। मुझे बहुत लोग आकर मिले हैं। वो मेरा इंटरव्यू लेकर गए हैं। कोई दिखाता नहीं है। बड़े-बड़े चैनल वाले किए हैं। किस पर भरोसा करूँ?''

"किसी पर भरोसा मत कीजिए। बस, अपना कर्म कीजिए। कोई आपको आकर नहीं कहता है कि अपने हक के लिए लड़ें। जब आप लड़ने निकलते हैं तो कुछ दूर तक ही लोग साथ देते हैं। जैसे-जैसे लड़ाई लम्बी होती जाती है, लोग साथ छोड़ते जाते हैं। आप चाहेंगी तो ही इंसाफ मिलेगा। किसी और के कन्धे पर रखकर बन्दूक एक या दो बार ही चला सकेंगी, सारी जिन्दगी नहीं। मैं आपकी बात पहुँचाने का जरिया हूँ, आपकी लड़ाई लड़ने का नहीं। मेरी भूमिका बहुत सीमित है, मैं पत्रकार हूँ, एक्टिविस्ट नहीं।"

"आप तो नाराज हो रहे हो भइया।" शर्वरी का स्वर बदल चुका था।

"जी नहीं, सच बता रहा हूँ। पत्रकारों की सीमाएँ हैं। हम यहाँ से खबरें भेजते हैं। दिल्ली में बैठे सम्पादकों को नहीं लगता है कि ये खबर चलना चाहिए, वे नहीं चलाते। कई बार किसी बहुत बड़ी खबर के आने से अन्य खबरें दब जाती हैं। ऐसे में हर एक पर बिके होने का आरोप लगाना भी ठीक नहीं। छोड़िए ये सब, आप एफआईआर कॉपी लाई हैं?"

"ये है।" उसने हाथ में गोल-गोल करके लाए कुछ कागज सामने रख दिए। उसमें एफआईआर और शर्वरी का बयान था। सब कुछ तो साफ-साफ लिखा था।

"आप तो नाशिक की हैं न? मुम्बई क्यों चली आईं?"

"एक्टिंग करने आई थी। 12 साल हो गए हैं यहाँ पर। मैंने दूरदर्शन के सीरियल 'आपबीती' में काम किया था। लीड रोल था मेरा उसमें ऐज ए हीरोइन।

'कभी सौतन—कभी सहेली' जो एकता कपूर का सीरियल है, उसमें भी काम किया है। काफी स्टेज शोज करती हूँ, इवेंट्स में जाती हूँ।''

''क्या हुआ, कैसे हुआ?'' मैंने सीधे सवाल दागे।

''एक एजेंट है जीवन, उसने मुझे स्टेज शो की एक प्रायोजक प्रिया से दिसम्बर, 2011 में मिलाया था। वो प्रिया मुझसे मिलने के लिए मेरे मीरा रोड वाले घर पर आई। उसने बताया कि जीवन के साथ मिलकर वो मस्कट के होटल पॉम में कई शो कर चुकी है। अभी भी करती है। उसने मुझे भी वहाँ के शो में जाने के लिए बोला। मैंने उन्हें स्टेज शो के लिए 'हाँ' कर दी। उसने मुझे खर्च के लिए 20 हजार रुपए एडवांस दिए और मेरा पासपोर्ट ले लिया। बोला कि टिकट और वीजा का इन्तजाम करेगा। उसने मेरी टिकट ओशिवारा के ट्रेवल पोर्ट एजेंसी से करवाई, जिसका मालिक अफगान खान है। बाद में मुझे दो लाख रुपए अँधेरी (प) के चार बँगला एरिया में मनीष मार्केट के कन्या कॉस्ट्यूम शॉप में हरीश के हाथ से भेजे।''

''आपको पता नहीं था कि लड़कियों के साथ वो लोग क्या करते हैं?''

''मुझे पहले तो पता नहीं था कि वहाँ जाने पर ये लोग आर्टिस्ट का पासपोर्ट वगैरह छीन लेते हैं। डरा-धमकाकर और जबरन वेश्यावृत्ति करवाते हैं।''

''फिर?''

''प्रिया ने बोला तो दिसम्बर, 2011 में तीन महीने के लिए मैं मस्कट चली गई। वहाँ मैंने तीन महीने तक शो किए। इसके बाद प्रिया भी वहाँ आई। होटल पॉम में म्यूजिक बैंड का काम प्रिया देखती थी। उस होटल का मालिक कोई अरबी है। होटल के पास में सना फैशन नाम की दुकान है। उसके पीछे वाली बिल्डिग की पाँचवीं मंजिल पर किराए का एक फ्लैट प्रिया ने ले रखा था। उसमें ही मुझे भी रखा। उस फ्लैट में मेरे साथ शबनम शेख उर्फ डॉली, राखी मिश्रा उर्फ अलीशा, मुस्कान उर्फ जयाप्रदा, दिव्या उर्फ आयशा भी रहती थीं। ये लोग महाराष्ट्र, बिहार, दिल्ली, चंडीगढ़ की रहने वाली हैं। उनसे मेरी भी दोस्ती हो गई थी।'' शर्वरी सोच-सोचकर तमाम बातें सामने रख रही थी।

वह पूरी रफ्तार से बिना रुके हर बारीक जानकारी दे रही थी, ''वहाँ होटल में हिन्दी, मराठी, दक्षिण भारतीय फिल्मी गानों पर हम नाचते थे। हर तरह के ग्राहक आते थे। भारतीय, पाकिस्तानी, बांग्लादेशी और अरबी, सब तरह के लोग आते थे। कोई हमारे नाच से खुश होता तो इनाम भी देता था। शो रात साढ़े 9 बजे शुरू होता था जो सुबह 3 बजे तक चलता था। प्रिया ने सभी लड़कियों के घर और होटल आने-जाने के लिए गाड़ी कर रखी थी।

''शो खत्म होने के बाद भी कुछ लड़कियाँ वापस हमारे साथ घर नहीं जाती थीं। मुझे यह अजीब लगता था लेकिन कभी उनसे पूछती नहीं थी। उनसे इतनी अच्छी दोस्ती तो हुई नहीं थी। वो लड़कियाँ अगले दिन जब घर लौटतीं तब तक

दोपहर हो जाती थी। वो आतीं तो भी बुरी तरह थकी होती थीं। पहले मैंने जब भी उनसे जानना चाहा कि वो कहाँ जाती हैं, कोई बताता नहीं था। जब हमारी अच्छी दोस्ती हो गई तो एक दिन मुझे एक लड़की ने बताया कि वे सभी प्रिया के बोलने पर मस्कट में ग्राहकों के साथ जाती हैं। उनके साथ सोती हैं। यह जानकर मैं बुरी तरह डर गई।'' शर्वरी के चेहरे पर छाई खिन्नता अब कुछ हद तक नाराजगी में तब्दील होने लगी थी।

''तो आपने वापसी का इन्तजाम कर लिया होगा?'' मेरे सवाल पर उसने कोई भाव प्रकट ही नहीं होने दिए। वह तो बस अपनी बातें सुनाने की जल्दी में लग रही थी।

''एक दिन शो के बाद प्रिया ने मुझे अपने घर खाने के लिए बुलाया। वह भी हमारी बिल्डिंग के पास वाले विंग में अपने पति पंकज सोनेग्रा के साथ रहती थी।'' शर्वरी के चेहरे पर आ चुकी कड़वाहट से साफ झलकने लगा कि यहाँ से कुछ न कुछ गड़बड़ी हुई होगी, ''जब उसके घर पहुँची तो देखा कि पंकज के साथ चार-पाँच स्थानीय ओमानी लोग पहले से बैठे थे। वो लोग पंकज के दोस्त होंगे, ये मान कर मैंने उनकी तरफ ध्यान नहीं दिया और सीधे किचन में प्रिया के पास गई। प्रिया बोली कि उन लोगों ने मेरा नाम होटल में देखा था। वो सब बड़े खुश थे इसीलिए मिलने आए हैं।''

''वो आपसे होटल में भी तो मिल सकते थे, वहाँ क्यों आए?''

मेरा सवाल सुन कर भी दरकिनार करते हुए शर्वरी बोली, ''प्रिया ने मुझे उन सबसे मिलाया। वो उन लोगों से अरबी भाषा में बात कर रही थी। मुझे कुछ समझ नहीं आ रहा था। उसने मुझे भी वहाँ बैठने को बोला। हम बातें करने लगे। पंकज ने मुझे शराब पीने को बोला तो मैंने मना कर दिया। पंकज ने मुझे वाईन पीने को दिया। मैंने उनके सामने पीने का बहाना करते हुए गिलास लेकर बस मुँह से लगाया, मैं पी नहीं रही थी।''

''अच्छा।'' साफ दिखा शर्वरी के चेहरे पर कि मेरा यह शब्द उसे भाया नहीं है।

''हाँ। कुछ देर बाद प्रिया ने मुझे फ्लैट दिखाने के लिए अन्दर बुला लिया। वो एक कमरे में मुझे लेके गई। वहाँ एक ओमानी आदमी भी आया। हम दोनों को कमरे में छोड़कर प्रिया बहाने से बाहर चली गई। उस अरबी ने मुझे बोला कि प्रिया को मेरे साथ रात बिताने के लिए पैसे दिए हैं। मैंने उसे बताया कि मेरे से ऐसा कोई बात नहीं हुआ है। वो आदमी नहीं माना। मैंने दरवाजा खोला तो वो बाहर से बन्द था। वो आदमी नहीं माना। उसने मेरा बलात्कार किया। अब समझ आया प्रिया बाहर इसीलिए गई थी और दरवाजा भी बाहर से बन्द कर दिया था।'' शर्वरी का अन्तस अब तक पिघल चुका था। उस दिन की वेदना अब चेहरे पर उभर आई थी,

शा.मु.-४०,००० पु. (३/४ ५०८-२०१०-ए ३-बि (वाव) ३५६

FORM - 1A N.C.R.B.

I.I.F.-1

580868

पहिली खबर

FIRST INFORMATION REPORT

फौजदारी प्रक्रिया संहितेच्या कलम १५४ अन्वये (Under Section 154 Cr. P.C.)

राज्य State महाराष्ट्र जिल्हा District मुंबई पोलीस ठाणे Police Station दा नौ नगर पहिली खबर क्र. FIR No. विश्था गु. २४/१२ वर्ष Year २०१२ दिनांक Date १४/०८/१२

(i) अधिनियम Act अनैतिक व्यापार प्रतिबंध अधिनियम १९५६ कलमे Sections ४, ५, ६(अ)

(ii) अधिनियम Act .... कलमे Sections ....

(iii) इतर अधिनियम व कलमे Other Acts and Sections ....

(a) अपराधाची घटना : वार Occurence of offence : Day सोमवार तारीख पासून Date from १३/०८/१२ वेळ Time २३.०० तारीख पर्यंत Date to .... वेळ Time ....

वेळेचा अवधी (प्रहर) (योग्य ठिकाणी अशी खूण करा. Tick applicable portion)
(1) 00.00 ते 03.00 (2) 03.00 ते 06.00 (3) 06.00 ते 09.00 (4) 09.00 ते 12.00 (5) 12.00 ते 15.00
(6) 15.00 ते 18.00 (7) 18.00 ते 21.00 (8) 21.00 ते 24.00 (9) 06.00 ते 18.00 (10) 18.00 ते 06.00

(b) पो. ठा. ला माहिती मिळालेची Information received at P. S. तारीख Date १४/०८/१२ वेळ Time ०२.१५

(c) गुन्हा दाखल झालेचा सर्वसाधारण स्टेशन डायरीचा नोंद क्र. General Diary Reference : Entry No. ०६/१२ तारीख Date १४/०८/१२ वेळ Time ०२.१५

माहितीचा प्रकार Type of information : लेखी / तोंडी Written / Oral तोंडी

गुन्हा घडल्याचे ठिकाण (a) पोलीस ठाण्यापासून अंतर व दिशा Place of Occurence : (a) Direction and distance from P.S. पूर्वेला २ कि.मी. चौकी/बीट/दूरक्षेत्र नाव व क्र. Chouki/Beat/O.P. Name and No. ०१

(b) गुन्हा घडल्याचे ठिकाणाचे नाव Address of Occurence Name पानेरी शोरूम समोर, एस.व्ही. रोड ठिकाणाचे नंबर No. if any गल्ली Ward रस्त्याचे नाव Name of road

जवळचे ओळख चिन्ह/ठिकाण Nearest Adentifiable Place अंधेरी (प) मुंबई ५८ गाव Village पोस्ट Post तालुका Taluka जिल्हा Dist. राज्य State

(c) पोलीस ठाणेचे हद्दीबाहेर असल्यास त्या पो. स्टे. चे नाव In case, outside the limit of this Police Station — तालुका Taluka — जिल्हा Dist. — राज्य State

तक्रारदार / खबर देणाराचे नाव व पत्ता Complainant/Informant : Permanent Address

(a) नाव Name कुमारी शर्वरी सोनावणे (b) वडिलाचे / पतीचे नाव Father's / Husbands Name मगनलाल सोनावणे

(c) जन्मतारीख व वय Date of Birth & Age ३२ वर्षे (d) राष्ट्रीयत्व Nationality भारतीय फोन नं. Phone No. ....

(e) पारपत्र क्रमांक Passport No. .... दिल्याचा दिनांक Date of Issue .... दिल्याचे ठिकाण Place of Issue .... (f) व्यवसाय Occupation ....

(g) धर्म Religion जात Caste जनजात Sub-Caste

(h) पत्ता : गल्ली/सर्व्हे नं. Address : Ward .... घर/नाव नंबर House/Name No. .... फोन/मो. नंबर Phone/M. No. .... पॅन नं. Pan No. .... ओटर्स नं. Card No. ....
फ्लॅट नं. ०८ पंचशील को-ऑप हौ. सोसायटी, रूम नं. सी/१
रस्त्याचे नाव Road .... जवळचे प्रसिद्ध ठिकाण Nearest identifiable place .... गाव Village .... पोस्ट Post .... पो.स्टे. P. Stn. ....
म्हाडा मालाड मालवणी मालाड (प) मुंबई
तालुका Taluka .... जिल्हा Dist. .... राज्य State .... सध्याचा पत्ता Present Address ....

माहिती असलेल्या आरोपीचे संपूर्ण नाव व पत्ता (आवश्यक असल्यास स्वतंत्र कागद जोडावा) (संशयिताचे वर्णन प्र. ख. रिपोर्टच्या फॉर्म I B वर लिहावे किंवा सिटवर घेऊन तपासिक अंमलदाराच्या प्रथम खबरीला व स. अभियोक्ता यांच्या फाईलला जोडावे).
Details Name & Address of known Accused (Attach separate sheet, if necessary) (If suspect particular of physical feature write on Form I-B of attach FIR I-B to case diary).

१) अनिल शेट्टी २) जीवन ३) विमी शेख ४) सुजाता उर्फ प्रिया बंगालन
व त्यांचे साथीदार

जबाब दिनांक १४.०८.१२

कुमारी शर्वरी मगनलाल सोनावणे वय ३२ वर्षे, धंदा – ऑर्केस्ट्रा कलाकार व समाजसेवक, रा.ठी – फ्लॉट नं ९२,पंचशील को.ऑ.हौसींग सोसायटी, रूम नं सी/१, म्हाडा, मालवणी, मालाड (प), मुंबई, मो.नं ९९८७७१९५२०.

....

मी वरील प्रमाणे असुन वर नमुद पत्त्यावर गेल्या ६ वर्षापासुन एकटीच रहावयास आहे. तसेच मी मिरा रोड येथे बी ६०१, स्वर्ण, लक्ष्मी पार्क जवळ, कनाकिया ले आउट, सिनेमॅक्स रोड, मिरा रोड पुर्व, जि. ठाणे येथेही राहते. माझे मूळ गाव फ्लॅट नं ०१, श्री गणेश दर्शन रो हाउस, प्रशांत नगर, पाथर्डी फाटा, नाशिक येथे असुन माझी आई, भाउ, बहीण रहावयास आहे. माझी मावशी श्रीमती अंजना संकपाळ ही सम्राट अशोक सोसायटी, अंधेरी (प), मुंबई येथे रहावयास आहे. माझे इयत्ता १२ वी पर्यंत एस.एम.आर.के कॉलेज, नासिक येथे शिक्षण झालेले आहे. माझेकडे भारतीय पासपोर्ट क. एच ०२१७७५४, ठाणे येथे मिळालेला, ९.०९.२००८ ते ८.०९.२०१८ पर्यंत वैध असलेला असा आहे.

मला विविध स्टेज शो करण्याची आवड आहे. त्यांत मी गायीका, अभिनय, विविध सिरीयल मधे काम केले आहे. मी कलाकार असुन मी नाशिक, पुणे येथे स्टेज शो सुध्दा केलेले आहेत. मी अनेक वेळा लंडन, अमेरीका, दुबई, बाहरीन, मस्कत इत्यादी देशात जावुन विविध ग्रुप बरोबर स्टेज शो केलेले आहेत. मी ज्यांचे सोबत स्टेज शोज केलेले आहेत त्यांत, तुषार सोनीग्रा–अमेरीका, शकलीन–लंडन, गोवर्धन रोचवाणी–दुबई, सत्तु पटेल–दुबई व इतरही अनेक चांगल्या लोकांसोबत मी स्टेज शो साठी गेलेले आहे.

मी अनेक वेळा स्टेज शो केल्याने मला फिल्म इंडस्ट्रीमध्ये सुध्दा अनेकजण ओळखतात. स्टेज शो संबधीत एजन्ट नामे जीवन (मो.क्र. ९८१९२१७५६९) याने स्टेज शो प्रायोजक श्रीमती प्रिया, वय अंदाजे ४५ वर्षे, (मो.क्र.९८२१३८२६२१), रा.ठी – ओशिवरा पो.ठाणेच्या मागे, ओशिवरा, मुंबई हिचेशी माझी ओळख जीवन याने सुमारे डिसेंबर २०११ मधे करून दिली. त्यानंतर प्रिया हि माझे घरी मिरा रोड येथे भेटण्यासाठी आली होती. तीने मला ती जीवन याची सहकारी असुन ती अनेक शो मस्कत येथे पाम हॉटेल येथे आयोजित करते असे सांगीतले. तीने मला तीच्याकडे स्टेज शो करीता ऑफर केली असता मी तिला स्टेज शो च्या नांवाखाली मुलींना परदेशी नेउन त्यांचेकडुन त्यांचा पासपोर्ट काढुन घेउन नंतर जबरीने, दमदाटी करून, पैशांचे दडपणाखाली दाबुन तसेच परदेशांत गेल्यांवर त्यांचे पासपोर्ट काढुन घेतात व पैशांचे तसेच मानसीक दडपण टाकुन अनेक मुलींवर तेथील वास्तव्याचे दरम्यांन मुलींवर अनेकदा लैगीक अत्याचार, शोषण व अनैतिक प्रकार होत असल्याची मला माहिती असुन त्याबाबत विचारले असता तीने असे कोणतेही काम कलाकाराकडुन करवुन घेतले जात नाही असे सांगितले. त्याप्रमाणे मी सदर महिलेस स्टेज शो करण्यास होकार दिला असता तिने मला रू. २०,०००/– खर्चासाठी दिले व माझा पासपोर्ट घेतला. नंतर माझे तिकीटाची व्यवस्था ट्रॅव्हल पोर्ट, ओशिवरा, मुंबई मालक – अफगाण खान याने केलेली होती. नंतर मला रू. २ लाख रूपये कन्या कॉश्चुम शॉप, चारबंगला मनीष मार्केट, अंधेरी प, मुंबई येथे हरीष मार्फत दिले.

नमुद प्रिया हिचे सांगण्यावरून माहे डिसेंबर २०११ मधे मी मस्कत येथे स्टेज शो करण्याकरीता ३ महिन्यांसाठी गेले. सदर ठिकाणी तीन महिने मी स्टेज शो केले. सदर काळांत प्रिया हि सुध्दा माझेनंतर मस्कत येथे आली. मी पाम हॉटेल– प्रिया हिचे संपर्कातील येथे काम करत होते. सदर हॉटेलमधे प्रिया हि बॅन्डची व्यवस्थापना करते. पाम हॉटेलचा मालक अरबी आहे. माझे तेथील वास्तव्य सदर हॉटेलचे बाजुला असलेल्या सना फॅशनमागे बिल्डींगमधे, ५ वा माळा, वादी कबीर येथे प्रिया हिने भाडयाने घेतलेल्या घरांत होते. तेथे माझे सोबत १) शबनम शेख उर्फ डॉली, वय ३० (मुंबई, मोक्र. ९९८७७२५६१०,

जो आँखों से भी बह निकली।

शर्वरी ने तुरन्त खुद को सँभाला, ''काफी देर बाद प्रिया ने दरवाजा खोला, तो वो आदमी बाहर गया। मैंने प्रिया से कहा कि तुम गलत करती हो, ये सब मेरे साथ कर रही हो तो ठीक नहीं है। वो मुझे बोली कि हर ग्राहक को खुश करना होगा। नहीं किया तो बुरा होगा, यह धमकी भी दी। मैं डर गई और किसी क०ो इसके बारे में नहीं बताया। प्रिया कहती थी कि उसके ओमान में इंडियन काउंसिलेट में अच्छे सम्बन्ध हैं। ये सब बोल-बोल कर वो मुझे धमकी देती रहती थी।''

''मैं तो उधर फँस गई थी। वो जब किसी ग्राहक के साथ को कहती और मैं मना करती तो मुझे कमरे में बन्द कर देती थी। विदेश में मेरा पासपोर्ट भी नहीं था। वो तो उसी ने रख लिया था। मैं डर कर किसी से बोलती नहीं थी। मेरी तरह और भी लड़कियाँ उसकी गुंडागर्दी के कारण वेश्यावृत्ति करने पर मजबूर थीं।'' शर्वरी अब तक पूरी तरह पिघल चुकी थी। यह गौमुख के ऊपर दिखती हिमनद सरीखी लड़की अचानक पिघल कर पानी हो उठी और गंडक के तेज बहाव की मानिन्द तेज गति से बह चली। उसकी आँखों से वह धार फूट पड़ी जो महीनों से उसके अन्दर जमी हुई था।

''और कौन था उनके साथ?'' मुझे अब वे नाम भी जानने थे, जो कमसिन बालाओं को विदेश भेजकर देश का नाम खराब कर रहे थे।

''वेश्यावृत्ति के लिए मुम्बई मे लड़कियाँ खोजने का काम उनका एक नौकर हरीश करता है। ओमान में तीन महीने पूरे होने के बाद मैं लौट आई। डर के मारे मैंने ये सब किसी को नहीं बताया। इधर-उधर काम के लिए हाथ-पाँव मारने लगी। उसी दौरान शो करवाने वाली विम्मी शेख से भी मैं मिली। वो लोखंडवाला कांप्लेक्स के कामधेनु बिल्डिंग में ही रहती है। फरवरी, 2012 में उसने मुझे फोन करके अपने घर बुलाया। मुझसे बोली कि मस्कट में शो के लिए जाऊँगी तो हर महीने का 50 हजार रुपए देगी। बदले में उसे हर महीने 10 लाख रुपए कमा कर देना होगा। हमारे बीच यह सौदा तय हुआ।'' गुस्से में शर्वरी ने बताना जारी रखा।

''ये तो बहुत बड़ी रकम होती है। कोई नाचकर कैसे इतनी बड़ी रकम जमा कर सकता है?'' आपको नहीं लगा कि इसमें कुछ गड़बड़ी हो रही है?'' मेरा सवाल सीधा उसके जहन को छलनी कर गया।

शर्वरी तेजी से वह सब बताने लगी, जो आसानी से कोई लड़की नहीं बताती है। शर्वरी तो वैसे भी चोट खाई नागिन थी, वह तो बदला लेने के लिए आतुर थी। उसे तो सब कुछ बताना ही था। ''नहीं, ऐसा तो होता ही है। लोग शो में पैसा उड़ाते हैं। उससे एक महीने में उतना तो पैसा जमा हो ही जाता है। विम्मी ने तीन लड़कियों के साथ मुझे दिल्ली से मार्च 2012 में मस्कट भेजा। दो महीने मैंने वहाँ स्टेज शो किए। एक दिन विम्मी ने मेरी इच्छा न होने पर भी एक ग्राहक के साथ सोने के

लिए मजबूर किया। मैंने जब मना किया तो विम्मी ने मुझे मारा। उसने मुझे तंग करना शुरू कर दिया। मैं भी वापस लौटने की जिद पकड़ ली। उसने मुझे तीन महीने होने पर वापस जाने दिया।''

''तो इसके बाद आपने यहाँ आकर शिकायत दर्ज करवाने का फैसला लिया, है न?''

''नहीं। मैं एक बार फिर बाहर गई थी। सोहेल अंसारी भी लड़कियों को शो के नाम पर दुबई और अजमान ले जाता और उनको भी ग्राहकों के साथ सोने के लिए मजबूर करता है। राज शेट्टी, जो रामी ग्रुप ऑफ कम्पनी का मालिक है, स्टेज शो के नाम पर कलाकारों को कई देशों में भेजता है. उनसे जबरन वेश्यावृत्ति करवाता है। राज शेट्टी का एक आदमी अनिल शेट्टी है। मैं उसके पास भी शो के लिए गई थी। उसे मैंने अपना और मेरी सहेली जयाप्रदा के पासपोर्ट दिए थे। उसने मुझे खर्च के लिए 20 हजार रुपए दिए थे।'' वह लगातार टेबल पर हाथ ठोंक-ठोंक कर इस तरह बात कर रही थी, जैसे एक महिला अधिकार आंदोलन कार्यकर्ता सामने बैठी दलीलें दे रही हो।

''दो बार आप भुगत चुकी थीं, फिर भी वहाँ जाने के बारे में आपने क्यों सोचा? कोई खास कारण था?'' मुझे लगा था कि इस तरह बार-बार कोई क्यों नरक में खुद ही जाएगा।

''मैं तो सोचती थी कि सारे लोग एक जैसे नहीं होते हैं। ये लोग अच्छे होंगे। अनिल और जीवन एक दिन मालाड में मेरे घर आए। वो मुझे दुबई में शो के लिए जाने के बारे में बोले। मैंने उनसे बोला कि मैं सिर्फ स्टेज शो ही करूँगी। उन्होंने बोला कि ठीक है तुम सिर्फ नाचना। मैंने जीवन और अनिल शेट्टी को बोल दिया कि फिर तो मैं जाने को तैयार हूँ। वो तैयारी कर लें। उनको मैंने कहा कि बाकी के 2.30 लाख रुपए दें। उन्होंने मुझे अँधेरी में एसवी रोड पर पानेरी साड़ीज के पास बुलाया। पैसे देने के बाद वहाँ बताया कि मुझे ग्राहकों को भी खुश करना पड़ेगा। जैसा वो कहेंगे, मुझे करना होगा। मुझे वहाँ वेश्यावृत्ति करनी होगी, यह जान कर डर गई। मुझे समझ आ गया कि वहाँ ले जाकर ये भी मुझे वेश्या ही बना देंगे।'' उसके चेहरे और शरीर में गुस्से के कारण कम्पन-सा हो रहा था।

गुस्से से वह लालभभूका हुई जा रही थी, ''अब मैंने भी तय किया कि इन लोगों को ठीक करना पड़ेगा। उन्हें सजा दिलानी चाहिए। इसके लिए मैंने एसएस ब्रांच के एसीपी वसन्त ढोबले को फोन किया और सारी बात बता दी। उन्होंने मुझे पूरा साथ देने को कहा। वो बोले कि जब भी ये लोग नया ग्रुप लेकर जाएँगे, उनको बताना है। मैंने भी उनसे कहा कि सब कुछ पहले से बताऊँगी।''

''13 अगस्त, 2012 को अनिल, जीवन और उसका एक आदमी मेरे से मिले। मुझे बोला कि मैं ग्राहकों को खुश करने के लिए तैयार रहूँ। 8-10 लड़कियों

के साथ मस्कट या दुबई भेजेंगे। उन्होंने अगले दिन मुझे सुबह मुम्बई एयरपोर्ट पर बुलाया। मैंने ये सब ढोबले साहब को बता दिया। उन्होंने एयरपोर्ट से सभी को जाने के पहले पकड़ा था।''

''कौन-कौन हैं इस खेल में शामिल?'' शर्वरी एक-एक नाम लेकर उनकी पोल खोल रही थी, उसे और उकसाना जरूरी था। सो किया।

वो और भी बताने लगी, ''ये सब प्रिया उर्फ प्रिया बंगालन उर्फ सुजाता बिस्वास, विम्मी शेख वगैरह पहले तो बड़े प्यार से बात करके घर से लेकर जाते हैं, बाद में उनका असली रंग पता चलता है। वहाँ आर्टिस्ट को बन्द करके रखते हैं। जीवन तो जब मुझे पैसा दिया था, बोला कि रामी ग्रुप के होटल में तो तुमको बाहर ही जाना होता है, यानी जिस्मफरोशी करनी ही पड़ती है। हम तो आर्टिस्ट हैं, कोई प्रॉस्टीट्यूट तो नहीं हैं। ऐसा सिर्फ मेरे साथ ही नहीं हुआ है, हजारों कलाकार हैं जिनके साथ यह सब होता है। जीवन को-ऑर्डीनेटर है। मेरे स्ट्रगल के टाइम में मिला था। वो आर्टिस्ट को शोज या सीरियल में काम दिलाने का काम करता है। ये बात मुझे जीवन से ही पता चली कि विदेश जाकर प्रॉस्टीट्यूशन होता है। मैंने और भी कई कॉर्डीनेटर के साथ काम किया है, उनके साथ तो कभी भी प्रॉस्टीट्यूशन करने की जरूरत नहीं पड़ी। आज तो 16-17 साल की लड़कियों को 20 या 30 हजार में ही विदेश लेकर जाते हैं, उनको लॉक में रखते हैं, सही से खाना भी नहीं देते हैं, और वो बोलेगी भी तो कहाँ बोलेगी। अफगान और अकबर की सेटिंग देश और विदेश के सभी एयरपोर्ट पर है, इमीग्रेशन अफसरों से पहचान है, वो ही सब लड़कियों को विदेश भेजने का इन्तजाम करते हैं।''

''क्या खेल चलता है दुबई में?'' दुबई यानी अयाशी का अड्डा, यह बात तो सब जानते हैं लेकिन शर्वरी कुछ और भी रहस्य बता सकती थी।

शर्वरी ने सीधे जड़ा, ''विम्मी शेख ने मस्कट में मुझे मारा। एक बूढ़ा आदमी था। वो दो हजार रियाल देता था। इतने पैसे में ही वो एक फ्लोर की चार आर्टिस्ट को इस्तेमाल कर लेता था। विम्मी उसमें से 500 रियाल आर्टिस्ट को देती थी, बाकी पंद्रह सौ रियाल खुद रख लेती थी। आर्टिस्ट अगर ऐसा नहीं करना चाहती तो उसे बहुत टॉर्चर किया जाता। आर्टिस्ट वापस जाना चाहती तो बोलते कि हमारा जो पैसा तुमने लिया है, वो वापस कर दो, फिर जाओ।''

''कोई एग्रीमेंट भी करते हैं ये लोग?'' मुझे पता था कि एक करारनामा भी होता है, पैसे देने की एक रसीद भी ली जाती है, यह सब पूरी तरह नकद में होता है, सरकार को कोई टैक्स भी नहीं दिया जाता है, जानना चाहता था कि क्या यह बात शर्वरी को भी मालूम थी। उसने बताया, ''जो भी एग्रीमेंट होते हैं, वह कुछ भी लीगल नहीं होता है। जो भी पैसे देते हैं, उसका कोई भी लीगल एग्रीमेंट नहीं होता है। जो पैसा देते हैं वो ब्लैक मनी होता है, कैश में देते हैं।''

"और क्या ऐसा था जिससे आपने इस तरह बगावत की?"

"इन लोगों ने मेरे साथ ऐसा किया, इसके कारण मेरे अन्दर ये ताकत आई। इन लोगों ने मेरे ऊपर अत्याचार किए, इसके कारण मेरे अन्दर ये ताकत आई।" तो ये थी शर्वरी सोनावणे। एकदम ठोंक-बजा कर बात करती एक लड़की जो न केवल खुद के लिए बल्कि और भी लड़कियों को न्याय दिलाने के लिए लड़ना चाहती है।

अच्छी जिन्दगी हासिल करने की जद्दोजहद में लगी शर्वरी एक बार तो बड़ी बिखरी हुई सी लगी। टूटे ख्वाबों की किरचें बीनती शर्वरी हर उस इनसान की तरफ बड़ी आशा से देखती है, जो सामने आ पड़ता है। उसे यह लगा था कि चैनल में खबर चलने पर बारबालाओं की जिन्दगी की भयावह सच्चाई दुनिया के सामने आएगी। पुलिस तथा खुफिया एजेंसियाँ उसके बताए लोगों को गिरफ्तार करके सजा दिलाएँगी।

लेकिन ऐसा कुछ न हुआ।

एक लड़की के संघर्ष पर दलाल और दलाली भारी पड़ गई।

शर्वरी भले ही बारबाला नहीं है लेकिन उसकी जिन्दगी जरूर मुम्बई के डांस बारों की उन रक्कासाओं का हाल खुल कर नुमायाँ करती है। वह दफ्तर से चली तो गई लेकिन पीछे ऐसा शून्य छोड़ गई, जो कभी कोई भर सकेगा, कह नहीं सकता।

दमित देह

सोफिया हिदायतुल्लाह खान उर्फ जूली नास्कोन से मुझे मालवणी स्थित घर में इलाके की समाजसेविका शबाना शकील मेमन ने मिलाया था। वे खुद भी साथ बैठी थीं। सोफिया को देखकर नहीं लगता कि वह किसी डांस बार में नाचने वाली बारबाला होगी। उसे एक मुसलिम युवक हिदायतुल्लाह खान से मुहब्बत हुई। दो सालों तक परखने के बाद कुरान का हलफ उठाने वाले हिदायतुल्लाह से सोफिया ने निकाह के लिए हामी भर दी। शादी करने के लिए उसने धर्म परिवर्तन किया। पहले की जूली अब सोफिया बन चुकी थी। पूरा साल नहीं बीता होगा कि दगाबाज हिदायतुल्लाह की पोल खुल गई। सोफिया ने उससे जवाब तलब किया कि पहली शादी के बारे में क्यों नहीं बताया तो उसने सीधे तलाक की माँग कर दी। यह बारबालाओं के जीवन का एक कटु सत्य है कि लोग उन्हें हवस का शिकार बनाने के लिए प्रेमजाल में फाँसते हैं, शादी करते हैं, जब मन भर जाता है तो उन्हें दूध में पड़ी मक्खी की तरह निकाल फेंकते हैं। सोफिया की कहानी ऐसी लाखों बारबालाओं की दर्द-भरी दास्तां का प्रतिनिधित्व करती है।

"मैको इंसाफ चाइए। जो मेरा लाइफ बरबाद किए तो किसी दूसरे लड़की का लाइफ खराब नईं करे। मैं पुलिस में रिपोट लिखाए हैं। और पुलिस वाले लोग से मदद माँग रहे हैं। वो लोग बोले कि मदद करेंगे।" यह कहते हुए भी सोफिया की बातों में दृढ़ता नहीं झलकती। साथ में शबाना बैठी थीं, जो उसे बताती जा रही थीं कि कैमरे के सामने क्या कहना है।

12.45 का वक्त हो रहा था। दोपहर का यह वक्त एस्बेस्टस शीट की छत के कारण तप रहा था। मुम्बई में गर्मी ऐसी है कि कुल्फी क्या इनसान को पिघला दे। वहाँ बात करना भी दूभर लग रहा था लेकिन इससे बच कैसे सकता था?

मालवणी में छोटा-सा दो कमरों का वह पूरा घर गहरे गुलाबी रंग से रँगा हुआ था। घर की दीवार पर बड़ा-सा मदर मेरी का पोस्टर लगा था, जिसमें वे चाँद के

ऊपर खड़ी हैं और उनकी गोद में एक बच्चा है। उनके आसपास चार फरिश्ते दिख रहे हैं।

इस घर का एक कमरा बैठक, दूसरा रसोई थी, वहीं सोने का इन्तजाम था। दो दरवाजों वाला बड़ा सा फ्रिज एक कोने में जमा था तो ऊपर दीवट पर रखा 22 इंच का टीवी चालू होने का इन्तजार कर रहा था। बन्द खिड़की के चौखट पर दवाओं की आधा दर्जन शीशियाँ बयाँ करती थीं कि यह एक सामान्य-सा घर था। एक दिया जलता हुआ। घर की दीवारों पर पेंसिल और क्रेयॉन्स से बच्चे की चित्रकारी के नमूने थे। पीले रंग के हाफ पैंट और टीशर्ट में बच्चा वहीं खेल रहा था।

मेरे सामने गहरे गुलाबी—सफेद रंग के कपड़े पहनी सोफिया थी। शबाना ने उसकी दर्द-भरी दास्तां सुनाने बुलाया था। हाथों में सोने की अँगूठियाँ, कानों में चार इंच लम्बे झुमके, लौ पर ऊपर भी चार बालियाँ पहनी हुईं, गले में बड़ा-सा काले मोतियों और सोने के दानों वाला मंगलसूत्र, हाथों में सोने के कड़े, बाएँ हाथ पर कोहनियों के ऊपर हरे रंग का ताबीज बँधा हुआ, माथे पर कटे का निशान, कुल मिला कर यह हुलिया किसी सामान्य-सी लड़की का ही था। उसके बारबाला होने की चुगली करने वाली कोई निशानी नहीं मिल रही थी।

दाहिने हाथ में लाल रंग का कलेवा बँधा हुआ था। यह सब देखकर ऐसा तो किसी कोने से नहीं लगता है कि सोफिया बारबाला होगी। एक साधारण घरेलू लड़की जैसी ही दिखी। यह बात और है कि जब वह बन-ठन कर निकलती होगी तो कोई भी उसके रूपजाल में फँस जाता होगा। निकाह की तस्वीरें बयाँ करती हैं कि सोफिया के पीछे लोगों की दीवानगी कैसी रही होगी।

जब यह पूछा कि हिदायतुल्लाह खान से मुलाकात कैसे हुई तब भूरी आँखों और तीखी भौं वाली सोफिया ने हिचकते-हिचकते बताया, "मैं काम पर जाती थी, तो काम पर ही मुलाकात हुई।"

कहाँ काम पर जाती थी पूछने पर बड़ी हिचक से सोफिया ने कहा, "मैं मिलीडियन बार में काम करती थी, वहीं उससे मुलाकात हुई थी।"

आप शादी के लिए क्यों तैयार हुईं और क्या धर्म-परिवर्तन के लिए उसने ही कहा था—यह पूछने पर पुरानी मेहँदी लगे लम्बे नाखून को कुरेदते हुए सोफिया बोली, "हाँ, हिदायतुल्लाह खान ने मुझे कहा तुम ये सब काम छोड़ दो, तुमसे शादी करूँगा, सपने दिखाए मुझको ये सब। शादी मीरा रोड में हुई। मौलवी साब मालवणी के थे। मौलवी साब उधर आके हम लोग को शादी दिलाए। 20 मई को शादी हुई।" सोफिया शादी की तस्वीरें दिखाने लगी।

"फिर क्या हुआ?"

"जब मैं सुनी वो सादीसुदा है पहले से, उनके बच्चे भी हैं, तब मैं उनसे झगड़ा-झमेला करने लगी, तो मेरे को वो मारते थे, उसके बाद वो बोले कि मुझको तल्लाक चाहिए। अभी शादी-बादी किए तो अबी तल्लाक चाह रहे हैं वो। क्योंकि वो शादीशुदा था, वो भी नहीं बोले थे मुझको।"

जिन्दगी की कहानी आगे बढ़ाती हुई सोफिया बोली, "मुझे मीरा रोड, शान्ति पार्क में रखा था। बसन्त हाइट के 402 नम्बर फ्लैट में रहते थे। मेरे हसबैंड ने वो फ्लैट लिए थे। हम दोनों जाके लिए थे। वहाँ का साढ़े पाँच हजार रुपए किराया भी वो ही देते थे। वो ही आते थे तो बाकी घर का खर्चा भी देते थे। आके साथ में रहते थे। मेको मालूम भी नहीं था कि वो शादीशुदा थे।"

सोफिया ने बताया कि महज एक साल में हालात ऐसे बन गए कि तलाक लेने की नौबत आ गई। थूक निगलते हुए सोफिया ने तलाक माँगने की वजह बताया, "कारण बताया कि मेरे कैरेक्टर लूस है। ये बताके वो तल्लाकनामा लेना चाहते हैं। तो मैं बोली कि तुम सबूत दिखाओ, जो कि मैरा क्या है, नईं है। इदर सब लोग जानते हैं। जब मैं मम्मी के घर आती हूँ तो वो ही आकर ले जाते हैं। मैं बाहर कहीं निकलती भी नहीं थी अकेली। मैं बोरखा (बुरका) पहन कर हमेशा जाती थी—आती थी। मेरा धरम भी चेंज कराए, मुसलिम बनाए मुझको। मुसलिम लॉ में लाके शादी किए, अभी पीछे हट रहे हैं वो मेरे से।"

"क्या कहते हैं वे, क्यों साथ नहीं रहना है?" मैंने और जानकारी हासिल करने के लिए कुरेदा।

यूँ तो काले बाल हैं सोफिया के लेकिन माथे पर आते हुए बालों की सुनहरी होती जाती रंगत उसे अलग ही शख्सियत बख्शती है, पर बातचीत की बिल्कुल समझ नहीं रखती, "ये नहीं मालूम है मुझे क्यों साथ में नईं रहना है। उधर से सबके

साथ में कागज में भेज रहे हैं कि तल्लाकनामा साईन करो। मैं बोली कि मैं तल्लाक नहीं दूँगी। मेरा लाईफ में आके, मेरा लाईफ बरबाद किए इस तरह से तो मुजे इंसाफ चइए।

''हलीम, जीबू, उमर के अलावा और भी लोगों को भेज रहे हैं। बोल रहे हैं कि तुम तलाक दो। वो लोग पैसा-वैसा खा के आए हैं। बोलते हैं कि उनके सोरूम से आए हैं, तुम तल्लाक दो। उमर यहाँ दादागीरी करते हैं। वो बोलते हैं कि तल्लाक दो नहीं तो भोत खराब होएंगा, अच्चा नईं होएंगा, ये सब। जान की धमकी भी दे रहे हैं। मुजे फोन पर कहा कि तल्लाकनामा भेजा है, वो साइन कर दो मैडम। नहीं तो आप क्या चाहते हो, खराब या बुरा क्या चाहते हो। मैंने कहा कि तुम जो कर रहे हैं, अच्छा नहीं कर रहे हैं, तुम खुदा की कसम खाके, कुराम पे हाथ देके, बोलते थे कि मैंई तेरेको कबी नईं छोंड़ेंगे। तबी मेरे को उसके यकीन हुआ, मैं उससे शादी की, ये रिश्ता बनाई।'' उसके चेहरे पर अफसोस झलकने लगता है।

''अब क्या चाहती हैं?''

''मेको इंसाफ चाइए। जो मेरा लाइफ बरबाद किए तो किसी दूसरे लड़की का लाइफ खराब नईं करे। मैं पुलिस में रिपोट लिखाए हैं। और पुलिस वाले लोग से मदद माँग रहे हैं। वो लोग बोले कि मदद करेंगे।''

यहाँ आकर बात खत्म हो गई। यह साफ था कि उसका इरादा और कुछ बताने का न था। माँ भी सामने तब तक डटी रही, जब तक पूरी बात खत्म न हो गई। मैं भी उनसे बिदा ले निकल पड़ा।

तीसरी देह

डांसबारों में आज बड़ी संख्या में किन्नर हैं, जो वहाँ नाचते हैं, और उन्हें नाचता देखने काफी तादाद में लोग आते हैं। लड़कियों की कमी होने के कारण खूबसूरत किन्नरों को भी इस पेशे में सम्मानजक स्थान मिल चला है। जो किन्नर अच्छा नाचते हैं, दिखने में सुन्दर हैं, काम में माहिर हैं, मेहनत से जी नहीं चुराते, उनके लिए डांस बार में असीम सम्भावनाएँ हैं। कुछ बारमालिक यह भी मानते हैं कि किन्नर उनके यहाँ नाचेंगे तो भाग्य की देवी मेहरबान होंगी। अपने एक साथी को लगा कर ऐसे ही एक किन्नर सना शेख को घाटकोपर के कामराज नगर की झोपड़पट्टी से खोज निकाला। उसकी जिन्दगी पुर्जा-पुर्जा करने चला लेकिन उसने मेरा ही दिल तार-तार कर दिया। एक तृतीयपन्थी के दर्द का दरिया बह निकला।

घाटकोपर का कामराज नगर। एक वक्त में मुम्बई के गिरोहबाजों का महत्त्वपूर्ण ठिकाना। आज भी इस इलाके में पाँव धरने के पहले सौ बार सोचना पड़ता है। मेरे सहयोगी नदीम कार चला रहे थे। वे कामराज नगर के बारे में बताते हैं कि एक बार राज ठाकरे वहाँ आए थे तो वह उनकी रैली का कवरेज करने आए। उनकी जेब में बड़ी रकम थी। कब वहाँ के जेबकतरों ने पार कर दी, पता ही नहीं चला। इस जगह पर वे अपनी कार कहीं भी छोड़कर नहीं जाना चाहते थे। कहीं ऐसा न हो जाए कि हम लौटें तो कार का सिर्फ ढाँचा ही मिले।

वहाँ मेरे दूसरे सहयोगी पंकज मिले जिन्होंने सना शेख को खोज निकाला था। उन्होंने अपने दोस्त की दुकान के आगे हमारी गाड़ी इस हिदायत के साथ लगवाई कि पक्की निगरानी रखें। हमें इस विशाल झोपड़पट्टी के अन्दर जाना था। पंकज ने कहा कि चन्द कदमों पर एक जगह झोपड़पट्टी सुधार योजना (एसआरए) चल रही है, वहाँ से होकर रास्ता है, जिससे सना के घर तक आसानी से पहुँच जाएँगे।

साजो-सामान उठाए हम चल दिए। जब उस एसआरए वाले हिस्से से निकलने

सना शेख़ लक्ष्मीनारायण त्रिपाठी के साथ

लगे तो कुछ मुस्टंडों ने रोक लिया, ''कहाँ जा रहे हो?''

''उस तरफ जाना है।'' पंकज ने एक तरफ इशारा किया।

''रास्ता बन्द है।'' एक मुस्टंडे ने लगभग हड़काने वाले स्वर में कहा।

''जिधर हमें जाना है, वहाँ का खुला है।'' पंकज भी घुटा हुआ बन्दा था, आसानी से हार नहीं मानने वालों में शुमार होता है उसका नाम।

''नहीं, सब तरफ रास्ता बन्द है। उधर नहीं जा सकते।'' वे लोग हमारे जैसी शक्लो-सूरत के लोगों के आने से डरते हैं। इस तरह के कामों में खासी गड़बड़ी होती है। अपनी हरकतें छुपाने के लिए वे कलमनवीसों का आना पसन्द नहीं करते हैं।

वहाँ से गुजरते एक युवक ने जब देखा कि हमारी हुज्जत चल रही है तो उसने पूछा कि हमें कहाँ जाना है। पंकज ने बताया कि सना के घर जाना है। उसने एक दिशा की तरफ इशारा करके कहा कि इधर से चलें जाएँ, वहाँ का रास्ता खुला है। यह सुन कर एक मुस्टंडे ने चेतावनी जारी की, ''वीडियो मत करना अन्दर।''

''नहीं करेंगे।'' पंकज ने भी हाँक लगाई। हम उनकी तरफ ध्यान दिए बिना आगे बढ़ गए। कीचड़-भरे रास्ते से होते हुए एक छोटा-सा नाला पार कर जब सना के घर पहुँचे तो मैं धक से रह गया।

घर के बाहर 15 फुट चौड़ा नाला, चारों तरफ लगभग दो सौ मीटर इलाके में कचरे के ढेर, पूरा इलाका लोहे की चादरों और ईंटों से बने झोंपड़ों से पटा पड़ा था। नंग-धड़ंग बच्चे चारों तरफ रिरियाते घूम रहे थे। कोई चार-पाँच साल का एक बच्चा बहती नाक सँभालने के बदले हाथों में पकड़े बन पाव के साथ खुशी से कूदता-फाँदता चला आ रहा था। अचानक उसके हाथों से वह बन पाव कचरे के ढेर पर जा गिरा। वह वापस बन पाव उठाकर, मुँह में डालकर एक बड़ा सा टुकड़ा तोड़ कर खाते हुए पास से निकल गया।

मुम्बई के पूर्वी हाइवे की दूसरी तरफ शानदार इमारतें बनी हैं। इस तरफ तो नरक का नजारा है। इतनी तीखी बदबू थी कि वहाँ खड़े रहना भी दूभर था। यहाँ लोग रहते हैं, ताज्जुब है। गरीबी एक लाचारी है, वो इनसान को हर हालत में जीना सिखा देती है।

पंकज ने मुझे कहा कि बाहर इन्तजार करूँ। वह सना के घर में गया। उनसे कहा कि हम आ पहुँचे हैं। वह खाना खा रही थी। हम कुछ देर बाहर ही इन्तजार करते रहे। वहाँ का नजारा मेरे लिए नया नहीं था। एक वक्त एशिया की सबसे विशाल झोपड़पट्टी धारावी से मालाड की पठानवाड़ी और मालवणी की झोपड़पट्टियों में अपराध जगत की खबरें हासिल करने के लिए कई-कई दिनों तक चक्कर लगाता रहा हूँ।

चन्द मिनट बीते कि अन्दर से बुलावा आया। नाले के बाहर लगे लोहे के मोटे से ढाँचे से सिर बचाते हुए सना के घर की चौखट पर पहुँचा। अन्दर पहुँचा तो दस

गुणा दस का एक छोटा सा कमरा पाया। उसी एक कमरे में सब कुछ था। एक अलमारी कपड़े रखने के लिए। छोटा-सा एक टीवी। गहरे नीले रंग का एक फ्रिज था। पानी भरने की छोटी-सी एक मोटर भी लगी थी, जो बड़ा शोर मचाए हुए थी। चन्द बर्तन करीने से लगे थे। बिना पलस्तर की दीवारों से लाल नंगी ईंटें झाँक रही थीं। यहाँ तो इतनी भी जगह नहीं थी कि दो लोग सो सकें। फर्श पर लाल-हरे रंग की गूदड़ी जैसा कुछ बिछा रखा था। मैं अचकचा गया, ''अरे आपने ओढ़ने वाला ये नीचे क्यों बिछा दिया है?''

''ये नीचे बिछाने का ही है।'' सना ने मुस्कुरा कर भारी और खुरदुरी-सी ठीक वैसी आवाज में कहा, जैसी अमूमन किन्नरों की होती है। उसे शर्म नहीं थी कि ऐसी जगह मुझे बुलाया है।

''तो ठीक है। बैठिए।'' मैं तुरन्त पालथी मार कर नीचे बैठ गया। दीवार से सट कर सना भी बैठ गई। अपनी तस्वीरों और वीडियो में सना जैसी दिखती है, उसके मुकाबिल बिना लाली-बिन्दी तो वह ठीक-ठाक ही लग रही थी।

बिना किसी भूमिका के ही मैं तुरन्त शुरू हो गया। उसने बताना शुरू कर दिया। उससे जो तस्वीर उभरी, वह एक ऐसे इनसान की थी, जो इन हालात में भी न केवल खुश है, बल्कि ऐसे ही जीने की चाहत भी रखती है। बात शुरू करने का सबसे अच्छा तरीका इस्तेमाल किया मैंने, ''कहाँ की रहने वाली हैं आप?''

''मैं मुम्बई की ही हूँ। यहीं कामराज नगर, घाटकोपर की। मेरा बचपन इधर ही बीता। मुझे डांस का बड़ा शौक था। मैं हीजड़ों में बहुत सालों से हूँ। और आज मैं किन्नर समाज में बहुत खुश हूँ। मेरे गुरु भी मुझसे बहुत खुश हैं। मैं भी उन लोगों से बहुत खुश हूँ। मैं हमेशा खुश रहती हूँ।'' सना का उत्साह देखते ही बनता था। वह सचमुच इतनी खुश दिख रही थी कि हल्के बैंगनी और सफेद रंग के फूलों वाली एक मैक्सी पहने वह उंकड़ू बैठी क्या थी, पूरा शरीर नाच-सा रहा था, ''मुझे उन लोगों में बहुत इज्जत मिला, डांसर सना बोलके। मुझे बहुत प्यार करते हैं। मेरे माँ-बाप मुझे छोड़ दिए, मर गए तो भी क्या हुआ, कुछ नहीं हुआ। कोई मुझे माँ-बाप की तरह प्यार दिए, कोई मुझे बच्ची समझ कर रखे। मैं तो बहुत खुश हूँ।''

अपने माता-पिता के बारे में बताते हुए सना ने बेहद ईमानदारी बरती, कुछ छुपाया नहीं। यह बात और है कि यह सब बताते हुए उसके चेहरे पर छाया उत्साह और खुशी काफूर हो गई। वहाँ हल्की-सी मायूसी ने जगह ले ली, ''मेरे पप्पा ना... ड्राइवर थे...ट्रक चलाते थे...मेरी मम्मी न घर में ही रहती थी। वो लोग यहीं कामराज नगर घाटकोपर ईस्ट में ही रहते थे...वो सामने वाली बिल्डिंग में रहते थे...पर वो दो साल—तीन साल हुए उनकी (डेथ) हो गई। मैं हीजड़ों में आ गई तो मैं इदर शिफ्ट हो गई। और दो भाई, एक बहन है। सब बड़े हैं। वो लोग तो मेरे से बात ही नहीं करते। मतलब ही नहीं है उन लोगों को मेरे से। वो लोग अपनी

जिन्दगी जीते हैं, अपने में ही रहते हैं। बोलते हैं कि तू हमारे लिए हमेशा के लिए मर गया तो मैं बोली की ठीक है मैं मर गई उन लोग के लिए। मैं आज तक उन लोग के पास गई नहीं।''

सना यह सब बता ही रही थी कि एक मुर्गी आवाजें करती अन्दर आई। यह खलल मुझे पसन्द तो नहीं आया लेकिन सना ने कहा कि वो अन्दर आएगी, अपनी जगह जाकर बैठेगी। मुर्गी मेरी जाँघों पर चढ़ती सामने से निकल गई। सना ने हाथ से उसे हल्का इशारा किया तो खाना बनाने के पंढेरे के नीचे रखी एक थाली तक पहुँची। एक इंच ऊँची किनारियों वाली इस थाली में 16 या 18 छोटे आकार के कुछ कॉफी की रंगत वाले अंडे रखे थे, उन्हीं पर जाकर विराजमान हो ली। हल्के से थोड़ी देर तक कुड़-कुड़ की आवाज भी निकालती रही।

हीजड़ों के बीच आने की दास्तान सुनाते हुए सना का चेहरा दमक रहा था, ''मैं 2002 में ही पहली बार उनके पास गई थी। तो उस टैम पे मुझे एक हीजड़ा मिली...वही एटी...तो एटी मुझे बोली कि तू हीजड़ा बनेगी तो मेरे इदर आना। तो मैं बोली की मैं आऊँगी। तो मैं हीजड़ों में गई। मैं उनके साथ भोत नाची-गाई तीन-चार दिन। तीन-चार दिन के बाद मेरे माँ-बाप मुझे वापस ले गए, बोले कि ये सब मत कर, अच्छी बात नहीं है। फिर भी मैं बोली कि जाने दो चुप बैठती हूँ। माँ-बाप जब मर गए तो मैं हीजड़ों में आ गई।''

सना की बातें सुन मेरे मन में एक सवाल कौंधा। कहीं ऐसा तो नहीं कि सना भी पहले पुरुष थी और हीजड़ों के प्रति आकर्षण ने या स्त्री देह की अभिलाषा ने उसे किन्नर समाज का हिस्सा बनने के लिए मजबूर कर दिया? सना का साफ इनकार आया, ''मैं पुरुष नहीं थी। पहले से ही मैं किन्नर थी। बचपन से मैं लड़कियों में खेली-कूदी...मैं बचपन से ही लड़कियों में ही रही। मेरे को लड़कियों में ही इंटरेस्ट था, हीजड़ों में इंटरेस्ट था, लड़कों में मेरे को जरा भी इंटरेस्ट नहीं था कि मैं लड़का बन के घूमूँ...ऐसा-वैसा...मैं पैदाइशी हीजड़ा थी।''

यह एक बड़ा विकट संकट होता है परिवार के लिए कि उनके घर में एक बच्चा तीसरे पन्थ का है। वे इसे छुपाना चाहते हैं। तो क्या सना के परिवार ने भी यह सब समाज से छुपाया था? मैं सोच रहा था कि सना के लिए यह बात बताना मुश्किल होगा लेकिन वह बिन्दास बोली, ''हाँ, मेरे फेमेली में सबको पता था। मेरे फेमेली वाले लोगों से छुपाते थे। कहीं भी मैं नाचती थी तो छुपाते थे। नहीं, मत नाचना, कोई बता देगा, ऐसा बोलते थे। लेकिन क्या करूँ, मैं डांसर थी, बोलके मैं डांस करने के लिए हीजड़ों में चली गई।''

होता तो यही है कि जब हीजड़ों को पता चलता है कि कोई बच्चा ऐसा पैदा हुआ है, जो उनकी बिरादरी में शामिल होने योग्य है तो वे आकर परिवार से बच्चा ले जाते हैं। ऐसा सना के साथ भी हुआ हो सकता है। यह आशंका सना ने बिल्कुल

निर्मूल साबित की, ''नहीं, मेरे साथ ऐसा नहीं हुआ। मैं खुद ही उन लोगों में चली गई। हमारे इदर रहती है आरती अम्मा बोलके...वो बोले थे कि तेरा लड़का हमारा है...हमारा ही रहेगा। उसकू हमारे को दे देना बड़ा करके। तो मेरे माँ-बाप बोलते थे कि हमारी इतनी इज्जत है तो हम लोग कैसे दें...ऐसा बोलते थे। तो अम्मा को बोले थे कि दूर लेके चले जाना, लेकिन एरिया में मत रखना। उन लोगों ने मुझे दूर ले जाने की कोशिश करी लेकिन मैं नहीं गई मेरे माँ-बाप के अलावा। मेरे माँ-बाप के मरने के बाद ही मैं गई यहाँ से...एरिया से। यहाँ से जाके मैं तीन साल गोवंडी में गुजारी। एक साल वडाला में रही। ये सब गुजार के मैं अपनी जिन्दगी इदर बिताई।''

इसका मतलब तो यही हुआ कि किन्नर समाज में काफी कच्ची उमर में ही आ गई थीं आप, मेरी बात पर बेतकल्लुफी से सना बताती गई, ''ग्यारा साल की उम्र में आई...उसके पहले तक माँ-बाप के साथ थी...मैं स्कूल जाती थी...वो लोग बोलते थे अच्छे से रहने का...ऐसी कोई बात नहीं है...जैसा है वैसेई रहने का...होता है, ऐसा दुनिया में एक पैदा होता है। उसको छुपा भी सकते हैं...आप चाहें तो पैंट-शर्ट में रहो...या लड़की की ड्रेस में भी रहोगे तो छुप के भी रह सकते हो। तो भी मैं बोली कि नहीं, मैं उन लोगों के साथ जाऊँगी...नाचूँगी उनके साथ...मेरी ख्वाहिश थी नाचना उन लोगों के साथ...घूमना...माँ-बाप का घर छोड़ दी।''

''पढ़ाई में मजा नहीं आता था आपको?'' मेरे इस सवाल पर सना को यह बताने में कोई शर्म महसूस नहीं हुई, ''नहीं, मैं सिर्फ डांस में इंटरेस्ट रखती थी। पढ़ाई में नहीं, किसी चीज में नहीं, सिर्फ डांस में। किसी से नाच सिखाने के लिए भी बोली थी, लेकिन मेरे माँ-बाप बोले कि लोग तो अलग-अलग डांस करते हैं, तू तो कुछ और ही डांस करती है। कोई हिप-हॉप करता है, क्या-क्या डांस करता है लेकिन तू तो लड़कियों का ही डांस करती है। ऐसा बोलके मुझे मार के चुप कराते थे। फिर भी मैं चुप नहीं बैठती थी। मैं जहाँ भी डांस का मौका मिलता था, जबरदस्ती नाचती थी।''

''बचपन याद करके दुख तो होता ही होगा,'' मैंने वो दिन याद दिलाने चाहे ताकि सना का अतीत और बेहतर तरीके से निकल कर आ सके, ''क्या करेंगे, बचपन में जो था, अभी वो थोड़ी वापस आ सकता है। गुजरा हुआ पल थोड़ी वापस आ सकता है। किन्नर नहीं होती, एक औरत या मरद होती तो कैसा होता...लड़की होती तो लोग मुझे छेड़ते। अब तो गुड़ मामू...बम्बई में तो अक्सर ऐसा गुड़ मामू, मिट्ठा-मिट्ठा...ऐसेई बोलते हैं...ऐसे ही छेड़ते हैं...अब ये लाईन में आ गई तो कोई नहीं छेड़ता है...अब खुशी-खुशी बोलते हैं कि हाँ बाबा ये हीजड़ा है।''

''किन्नर होने के कारण नाच-गाना या सड़कों पर घूमकर धन कमाना ही क्या

एकमात्र रास्ता है, नौकरियाँ क्यों नहीं करते हैं किन्नर?'' यह वो सवाल था जो सब कभी न कभी किसी हीजड़े से जरूर पूछना चाहते हैं। सो मैंने आज मौका पाकर पूछ ही लिया लेकिन सना के पास उसका भी जवाब था।

उसके पीछे से निकले चूहों की फौज को देखकर हैरानी नहीं होनी थी क्योंकि इस झोपड़पट्टी में तो इनसान की जिन्दगी भी चूहों-सी हो जाती है, सना ने भी कुछ वैसा ही कहा, ''कोई नहीं रखता है सर नौकरी पे? हम लोग बहुत जगह पर कोशिश कर चुके हैं। मैं भी पढ़ी-लिखी हूँ। दसवीं पढ़ी हूँ मैं भी। इंग्लिश मीडियम से। गुरुकुल मीडियम, घाटकोपर में। मुझे कोई नौकरी नहीं देता था। पैंट-शर्ट में थी, जभी देता था। दो महीना-तीन महीना के बाद उन लोगों को मालूम पड़ता था, ये ऐसी है—वैसी है, तो फिर मुझे निकाल देते थे। फिर भी मैं कुछ नहीं बोलती थी। मैं हर जगह कोशिश करी। ये चीज छुपती नहीं है। कहीं न कहीं खुल जाती है, जिससे हमको बोल देते हैं कि तुम कल से मत आओ, या फिर ये महीने के बाद से तुम मत आओ। फिर मैं किन्नरों में जाने की बहुत कोशिश करी। किन्नर में नए-नए में पहले ट्रेन में माँगी। डेढ़-दो साल मैं ट्रेन में माँग के अपना खाई। उसके बाद बाल थोड़ा बढ़ गए तो मैं होटल लाईन ज्वाईंट करी...फिर होटल में डांस करती हूँ आज भी। मैं अपनी जिन्दगी एक लेडी जैसा ही जीती हूँ। अपना फिगर से लेकर सब कुछ लड़की जैसा ही रखी हूँ। गुरू से मिलने जाती हूँ। नहीं तो मेरा होटल से काम, मेरा घर। बस, यही है। कुछ योग या कसरत नहीं करती है, डांस से अपने-आप ही मेंटेन रहती हूँ।''

''बाहर माँगने में बुरा तो लगता ही होगा। पहले तो कभी माँ-पिता के अलावा किसी से कुछ माँगा नहीं होगा, किसी के सामने हाथ फैलाना तो बड़ा कष्टकर होता है।'' मेरा फलसफा सना के लिए किसी काम का न था, ''कुछ नहीं, किन्नर लोग मुझे बोलते थे कि माँग के खाएगी नहीं तो क्या गन्दा काम करेगी? मैं बोलती थी कि नहीं मैं गन्दा काम नहीं करूँगी। मेरे को कोई नहीं बोला कि गन्दे काम में जा। मेरी एक ही गुरु पकड़ी किन्नरों में...वो ही मेरी आज भी गुरू है...मेरी ज्योति गुरू आज भी मुझे उतना ही चाहती है, कल भी उतना ही चाहती थी, मुझे कभी गलत लाईन में डाली ही नहीं। उलटा मुझसे बोलती थी कि गलत काम नहीं करना। अच्छा कमा के रेह, दो पैसा बचाके रेह, आज तू हीजड़ा है, कल तेरा कोई साथ नहीं देगा। माँ-बाप नहीं हैं, दुनिया में कोई नहीं है तेरे, जो भी हैं हीजड़े ही हैं तेरे। दो पैसा कमाएगा तो हीजड़े भी तेरा साथ देंगे।''

किन्नरों की संख्या कितनी हो सकती है मुम्बई में जो सना की तरह नाच-गाना करते हैं, यह बात पुख्ता तौर पर सना कैसे बता सकती थी, यह सवाल ही उससे करना बेमानी था लेकिन वह बताती है, ''होएंगे, नाचने वाले तो बहुत कम हैं...लेकिन होएंगे 20 हजार—10 हजार तक...ये गन्दे काम वाले तो भोत हैं बम्बई में।''

''गन्दे काम यानी क्या? मैंने बातें साफ करने के लिए कुरेदा तो सना ने साफ किया, ''वई जो सड़कों पे खड़े रहते हैं। सेक्स करने वाले काम। वो लोग भोत हैं बम्बई में।''

क्या हीजड़ों से सेक्स करने वाली दुनिया है, आँख चौड़ी करके हैरत जतलाई तो मेरे अज्ञान पर मुस्कुराते हुए सना बोल पड़ी, ''हाँ-हाँ। जितनी दुनिया में लोग औरतों के पास नहीं जाते, उतना हीजड़ों के पास जाते हैं आज की डेट में।''

''ऐसा क्यों?'' पूछने पर सना ने कहा, ''क्या पता। उन लोग को ही पता। मैं तो कभी नहीं जाती वो सब लाईन में। दो-तीन लड़की फाँसी लगा के मरी थी। ऐसा दो तीन केस मैं देखी है। मैं भी दो-तीन बार पुलिस चौकी गई है। उदर पे जाके मालूम पड़ा लड़के ने हीजड़े के साथ सेक्स किया, इस बोल के लड़की ने आत्महत्या कर ली। हीजड़े बोलने लगे कि हम थोड़े ही तेरे घर से उठा के लाए तेरे आदमी को। तेरा आदमी खुद आके उधर किया। हम क्या कर सकते हैं। तो वो हीजड़े लोग कमाने के हिसाब से खड़े रहते हैं। तो उसमें हमारी क्या गलती है।''

कितना पैसा लेते है? यह सवाल करना तो नहीं चाहिए था लेकिन इसलिए जरूरी था क्योंकि हीजड़ों की दुनिया में इस मुद्दे को लेकर खासी उथल-पुथल सदा मची रहती है। सना का जवाब बहुत कुछ साफ करता। उसने कहा, ''अब वो उन लोगों पे रहेगा...कोई पाँच सौ देगा...कोई हजार देगा...जैसा एरिया...जैसा ये बम्बई है...इदर कोई अमीर तो है नहीं...कोई दो सौ, पाँच सौ, हजार भी देता है। और गोवा साईड में जैसे डायरेक्ट बीस हजार—चालीस हजार—तीस हजार, ऐईसा देते हैं। जैईसा एरिया, वेईसा लोग देते हैं पैसा। मैं तो सुनी हूँ, मेरे को भोत लोग बोलते हैं गोवा में जा, उधर पैसा अच्छा मिलेगा। मैं बोलती कि नईं मैं इदर बम्बई में खुश हूँ। मैं होटल में डांस करके कमाती हूँ, हजार-आठ सौ, दो हजार, तीन हजार, कहीं नहीं जाती है मैं। तो मैं इसमें ही खुश हूँ, तो मैं कहीं जाती ही नहीं हूँ।''

डांस बार में काम शुरू करने की उम्र को लेकर उसके पास कुछ छुपाने को न था, ''मैं आज से तीन साल पहले से स्टार्ट किया। पहले मैं मूनलाइट से चालू की पनवेल में। उधर सात-आठ महीना डांस करी। उसपे रेड गिरी तो उधर प्रूफ माँग रहे थे। मेरे पास प्रूफ नहीं था। आज मेरे पास प्रूफ हो गया तो आज मैं कोई भी बार में जाके नाचती हूँ। मुझे हर बार के लोग बुलाते हैं। स्वागत के लोग बुलाते हैं, विनोद के लोग बुलाते हैं कि तुम आओ हमारे बार में लेकिन मैं नहीं जाती है। मैं खाली मेरा फिक्स बार में ही जाती हूँ। मेरा मेन होटल बेलापुर का वेरीनाईस चमेली है। उसमें नाचने जाती हूँ। उसमें पहचान वाले लोग आते हैं तो उनसे कलेक्शन होता है।''

''डांस बार और शादी-ब्याह में नाचने का फर्क तो होता ही होगा?'' पूछने पर सना ने कहा, ''डांस बार में तो लोग लड़कियों के लिए ही आते हैं, हीजड़ों के

लिए कौन आता है। हीजड़ों को तो लोग सौ-दो सौ रुपए देते रहते हैं। लड़कियाँ बोल देती हैं कि ये हमारी दीदी हैं, इनको भी दो तो लोग हजार-पाँच सौ दे जाते हैं। शादी-ब्याह में हम लोग नाचने जाते हैं तो उधर हम लोग का ही हक रहता है। हम लोग पर उड़ाते हैं। कलेक्शन होता है। दो-तीन हजार बयाना दे देते हैं। उसके ऊपर कलेक्शन होता है, हमारे ऊपर उड़ाते हैं, वो अलग से हो जाता है।'' सना की बातें बिल्कुल साफ थीं। बेलाग, बेलौस, बेखौफ...झूठ का मुलम्मा ओढ़े बिना।

''मैंने तो सुना है कि सिमरन और निक्की जान जैसे किन्नरों पर तो एक-दो लाख रुपए तक की निछावर होती थी।'' उसकी दुखती रग पर हाथ धरा अब धीरे से मैंने तो वह आँख मटका कर बोली, ''होती थी...अब नहीं है। सिमरन गुरु डांसर सांताक्रुज वाली...होती थी उनके ऊपर...अब ऊमर हो गई है...पहले वो दुबली-पतली और खूबसूरत थी, अब मोटी हो गई है, फिर भी तीस-चालीस हजार तो उसका कलेक्शन होता ही होगा। नहीं तो कोई थोड़े ही दूर जाएगा सांताक्रुज से पनवेल तक...बैकलेस में...मैं उनको देखी है...मैं उनके होटल में भी गई थी एक दिन...तो मुझे बोलने लगी कि क्या बेटा इदर आने लगी...मैं बोली कि हाँ गुरू, मेरे को सेठ बुलाया तो मैं इदर आई। उनके होटल में एक दिन डांस करी मैं। उनका क्लाइंट आया था, मेरे ऊपर भी दो-तीन हजार उड़ाया उस दिन।''

''क्या खास क्लाइंट भी होते हैं जो चाहते हैं कि आप उनके लिए नाचें? ये तो बारबालाओं के लिए होता होगा।'' मैंने उसे कुरेदा तो बोल पड़ी, ''लड़के लोग लड़कियों से गन्दे काम के लिए आते हैं लेकिन हमें हाथ जोड़ के पैसा देते हैं। कोई-कोई ऐसे नशे में आते हैं, बुड्ढे लोग होते हैं, भगवान मानते हैं हमें, हाथ जोड़-जोड़ के पैसे उड़ाते हैं हमारे पे। वो लोग गलत नजर से नहीं देखते हैं हम लोग को।''

''ऐसे पक्के ग्राहक भी हैं जो आपके लिए ही उस डांस बार में आते हैं?'' गजब दुनिया है यह भी। क्या-क्या रंग दिखाती है। सना के लिए यह सब नया तो था नहीं।

''हैं-हैं..'' तपाक से सना बोली, ''डेली नहीं आते, हफ्ते में एक दो बार आते हैं...वो लोग हमको भैन या दीदी बोलते हैं...वो लोग बोलते हैं कि हमारे घर पे आओ, हमारे बच्चों लोग को अशिर्वाद दो तो हम लोग जाते हैं...वो लोग आते हैं तो हम पर उड़ाते हैं दो हजार—चार हजार। कभी कोई खुशी से बीस-बीस हजार भी उड़ाता है।''

''ग्राहक लड़कियों और किन्नरों के बीच फर्क करते ही होंगे।'' यह बात क्यों नहीं पूछता भला। सना भी जवाब देने में पक्की थी, ''हाँ...लड़कियों पर ज्यादा पैसा उड़ाते हैं...जो किन्नरों के शौकीन होते हैं, वो हमको माता बोल के चाहते हैं।''

"क्या होटल मालिक आपको भाग्यशाली मान कर भी नाचने के लिए बुलाते हैं?"

पूछने पर बिना किसी लागलपेट के सना ने स्वीकार कर लिया, "हाँ...मानते हैं न...हमको सेठ लोग माता ही बोलते हैं। बोलते हैं पहले तुम्हारा पैर मारो फ्लोर पर। हम लोग फ्लोर पर उतरते तो सबसे पहले मेरा ही पैर मारते हैं। हफ्ते में एक बार गुरूवार को मैं निम्बू भी उतारती हूँ होटल का, हम लोग का वही मान है। लेडीज लोग 10 रखते हैं लेकिन एक होटल में एक किन्नर को ही रखते हैं।"

"डांस बार सरकार खुलने नहीं दे रही है..." मेरी बात पूरी भी नहीं हुई थी कि सना बोलने लगी, "खुल गए डांस बार...हम लोग जाते हैं न तीन महीने से...अब प्रूफ रहेगा तो ही रखते हैं...बम्बई का प्रूफ चाहिए...आधार कार्ड, पैन कार्ड, घर का कुछ प्रूफ चाहिए। भाड़े का घर है तो किराए के एग्रीमेंट पेपर चाहिए। वो सब देने के बाद हमारा आईडेंटी कार्ड बानाते हैं। पुलिस की रेड गिरती है तो हम आईडी कार्ड वालों को छोड़ देते हैं। हमारे कार्ड में टीजी लिखते हैं जेंडर में। मेरे कार्ड में ऐसे लिखा है...सना ज्योति बाई...हम लोग में बाई लगाते हैं बम्बई में...गुजरात में कुंवर सरनेम लगाते हैं...मारवाड़ में श्री लगाते हैं...ऐसा हर जगह पे एक-एक नियम है किन्नरों का।"

"जहाँ आप रहती हैं, उसे देखकर नहीं लगता कि आपने डांस बार में नाचकर बहुत कमाया होगा। झोपड़े में उसके रहने की तरफ इशारा किया तो हँस पड़ी सना, "अच्छी कमाई की हूँ। अब दिखाने वाली बात अलग होती है...दिखाएँगे तो किन्नर लोग बोलेंगे कि देखो बहुत कमाती है तो दिखा रही है। इसके लिए मैं दिखाती नहीं है। मैं अपने में खुश हूँ...अपना बैंक में डालती हूँ...कुछ पैसा अपने पे उड़ाती हूँ। हर साल—हर महीने में अच्छे-अच्छे कपड़े खरीदती हूँ...नया घाघरा आया तो लेती हूँ...महीने में तीन-चार घाघरा लेतीच हूँ मैं...एक-एक घाघरा चार हजार—छह हजार—आठ हजार का होता है...वो सब हम लोग खरीदते हैं।"

धन का और क्या उपयोग वो करती होगी भला? इतना तो बहुत हुआ उसकी जिन्दगी में। लेकिन नहीं अभी सना के पास बताने के लिए बहुत कुछ था, "हम किन्नर में कई जात हैं...नाच-गाना होता है तो उड़ाना पड़ता है...हम लोग का साल में फंक्शन होता रहता है...कभी मय्यत हो गया तो मय्यत में भी जाना पड़ता है...चाय वगैरह मँगाने का तो हम छोटे किन्नर ही मँगाने का फर्ज होता हैं...बड़े हीजड़े लोग बोलते हैं कि ये ला—वो ला तो उसमें देना-लेना पड़ता है...एफडी तो नहीं बनवाई लेकिन जगह खरीदने का सोच रही हूँ...अगले साल तक लेऊँगी एक जगह...फ्लैट नहीं, खुल्ली जगह लेऊँगी। उधर धीरे-धीरे अपना रूम बना लूँगी दो-चार साल में, फिर उसमें जाऊँगी।"

"2005 की पाबन्दी के बाद कठिनाई तो आई होगी आपको?" मेरी यह

कसरत बेकार गई, सना ने मेरी गुगली बेकार कर दी, ''उस टैम पे मैं नहीं थी डांस बार में। मैं तो 2012 से डांस बार ज्वाईन करी हूँ। तब बन्द था लेकिन हम लोग को कभी कुछ प्रॉब्लम नहीं हुआ क्योंकि हम किन्नर हैं। होटल में हमको प्रूफ रहे कि नहीं, पुलिस वाले बोलते कि तुम नाचो, ऐसा बोलके हाथ जोड़ के चले जाते हैं। उन लोगों को मालूम है कि हम लोगों को बोलेंगे तो चौकी पे बहुत बड़ा ढिंगाणा हो जाता है।''

''एक किन्नर होने के नाते डांस बार में नाचना कितना सही है क्योंकि वहाँ शराब पी जाती, पैसे उड़ाए जाते, उल्टी-सीधी बातें बोली जाती हैं,'' इसके जवाब में समाज की बेरुखी और जलालत भरी जिन्दगी के कुछ दर्द उजागर करने की कोशिश की सना ने, ''अब क्या करेंगे...पेट के लिए करना पड़ता है कुछ न कुछ। जवानी है जिन्दगी की...तो जवानी में कुछ न कुछ तो कमाना ही पड़ेगा ना। जब हमारी आधी उमर हो जाती है तो हम अपनी लाईन में आ जाते हैं। शादी-बच्चे के टाइम पर माँगने जाओ, वो सब, धीरे-धीरे चालू हो जाता है।''

''डांस बार में कभी बेइज्जती हुई हो, ऐसा कुछ याद है आपको?'' सना के साथ सब कुछ अच्छा ही होता रहा है, यह जानकर ताज्जुब भी हो रहा था। वह तो किसी और ही मिट्टी की बनी थी, कोई समस्या नहीं थी इसके जीवन में, ''नहीं, कभी ऐसा तो हुआ नहीं। कोई-कोई लड़कियों के कान में बोलते हैं कि वो हीजड़ा है ना...वो हीजड़ा है ना। वो लड़कियाँ उन लोगों को चिल्लाते हैं कि नईं दीदी को ऐसा मत बोलो। डांस बार वाली लड़कियों को जलन भी नहीं होती हमसे, कभी भी नहीं। लड़की लोग में आपस में होता है...हम लोग के साथ नहीं। हम लोग को तो लड़की लोग खुद नचाती है कि ये कस्टमर देता है पैसा...मैं नाचती हूँ उन लोग के सामने।''

''सबसे कम और सबसे अधिक पैसा कब और कितना लेकर घर आईं आप?'' इतनी देर तक बातों के दौरान लग रहा था कि वो सच ही बोल रही है, ''2015 में कई दिनों तक कभी चौबीस...तो कभी 30 हजार कलेक्शन करके आई...अभी तो इतना नहीं होता है...कभी दो हजार, कभी डेढ़ हजार, कभी पाँच सौ होता है।''

''मालिक तो आपका पचास परसेंट रख लेते होंगे।'' मैं जानता था कि बारबालाओं का आधा या अधिक ही हिस्सा मालिक रख लेते हैं। सना का तजुर्बा कुछ और ही था, ''हमको सेवेन्टी परसेंट देते हैं...और थर्टी परसेंट वो रखते हैं...लड़कियों से आधा लेते हैं...वो लोग बोलते हैं कि ये लोग तो किन्नर हैं...लड़की लोग पे तो एक लाख भी उड़ता है, दो लाख भी उड़ता है। वो लोग लड़की लोग पे दो लाख उड़ाएँगे तो एक लाख में गन्दा काम होता है, ऐसा होता है। और हम लोग का वैसा नहीं है, हम लोग को तो सिर्फ डांस पर ही मिलता है।''

प्राइवेट मुजरे में जाने से गुरेज नहीं सना को। उसने बड़ी खुशी से बताया, ''हम लोग जाते हैं आगरा, दिल्ली, आजमगढ़...ये सब जगह पर मैं नाची हूँ...उधर के किन्नर हम लोग को बुलाते हैं...फोन पर ही बोलते हैं...शो है...लगन है...आ जाओ तुम। एक दिन का दो हजार, कोई तीन हजार भी देता है। हम फिक्स पे जाते हैं। निछावर अलग मिलता है हमको। जितना हम पर उड़ता है सारा हमको ही मिल जाता है। वहाँ के गुरू को हम लोग खुशी से कुछ भी देके आते हैं...अगर एक महीने में पचास हजार कमाई तो मैं दस हजार-पंद्रह हजार कुछ भी खुशी से रख के आती है उनके हाथ में।''

फिल्म में लड़कियाँ कम कपड़ों में नाचती हैं उन्हें इज्जत मिलती है, आपको या बारबालाओं को क्यों नहीं...ये फर्क क्यों होता है भला?'' यह सवाल आमतौर पर बारबालाएँ मुझसे करती रही हैं लेकिन आज मैंने बार में नाचने वाली एक किन्नर से इसलिए किया ताकि उसका नजरिया भी सामने आए।

सना ने कहा, ''वो तो लोगों की नजर ही वैसी है। बोलते कि वो तो हिरोईनी है...फिलिम स्टार है। हम लोग का क्या आम आदमी जैसे हैं। बार लाईन में भी कितनी सीरियल वाली लड़कियाँ हैं। सीरियल में भी काम करती हैं, बार में भी डांस करी है। एक तो हमारे होटल में भी नाचती थी कमाने के लिए।''

सरकार से उम्मीद करती सना यह नहीं जानती कि वह जो कह रही है, उसके पीछे सच्चाई कितनी है। वह तो बस सच्चे मन से बोलती जा रही है, ''सरकार जो कर रही है ठीक है...हमारी नानी है सलीम गुरू, बताते हैं कि अच्छा हो रहा है...वो हर जगह मीटिंग करते रहते हैं...सरकारी लोग आके बोलते हैं...हम तुम्हारी हेल्प कर रहे हैं। किन्नरों को भी रोजगार मिले मैं तो चाहती हूँ...हमसफर ट्रस्ट में जाते हैं तो उधर काम कर सकते हैं। और कोई लेता तो नहीं है...किन्नरों को भी नौकरी मिलना चाहिए। पन किन्नर खुद भी जाना नहीं चाहते क्योंकि नौकरी में महीने का दस-बीस-पच्चीस हजार कमाएँगे...जो लोग रोज का दो-चार हजार कमाते हैं तो क्यों नौकरी करेंगे।''

''कभी कोई क्रिमनल के साथ तो कुछ मेरा नहीं हुआ लेकिन इधर एक आदमी है जो करीमा बाई के साथ रहता है...वो एक हफ्ता पहले मुझको टोकन किया कि किधर जा रही...क्या करती है...गाली-वीली दिया...तो मैं उसको बोली कि तू ऐसा सोचना भी नहीं इदर...मैं उससे बहुत लड़ी। सना के चेहरे पर जो दृढ़ता देखी, वह चुगली कर रही थी कि उसने दुनिया से डरना छोड़ दिया है। उसके लिए भय का अर्थ मौत है। वह खुल कर बोली, ''वो मेरे चेले लोग को भी धमकी देता है कि तेरे गुरु को काट डालूँगा। उससे जरा मचमच हुआ है। वो सबके पैसे छीनता है इधर। उसको मैं अभी बताने वाली है...क्या चीज है मैं। पुलिस में भी उसकी कम्प्लेंट डाली है।''

बातें करते-करते सना ने अन्त में एक राज उजागर किया। उसने बताया कि वो असल में डॉन का लड़का है। मैं बुरी तरह चौंका, ''डॉन का लड़का यानी क्या?''

सना ने बड़े अन्दाज से बताया, ''मेरे अब्बा के भाई लोग सब दादा थे कामराज नगर के। मेरे अब्बा सीधे-सादे थे। पर मेरे अब्बा से भी लोग डरते थे। मेरे वालिद मोहम्मद हनीफ मर्चेंट थे। उनके भाई थे वजीर और मंजूर, वो दोनों बहुत डेंजर थे। तलवार लेकर पूरा बम्बई घूमते थे वो लोग। ये घाटकोपर, गोवंडी पूरे के वो लोग डॉन थे। वो लोग जब कोई मर्डर कर देते और भाग जाते थे तो मेरे बाप को पुलिस लेके जाती थी उठा-उठा के।''

अब तक हरे और सफेद रंग के दो जोड़े पंछी चहकने लगे जो पीले रंग के पिंजरे में बन्द थे। पिंजरा छत पर लगी लोहे की सलाख से बँधा था। ये पंछी भी सना की जिन्दगी के बिम्ब ही तो थे। दुनिया की कारा में जबरन जीने की सजा एक अदद अधूरी देह भोग रही थी। काले बालों पर सुनहली रंगत की लटें रँगवा कर उसने खुद को आधुनिक रूप भले ही दे दिया हो, यह बस कहने-भर के लिए आधुनिक था। कुछ दिखावा-सा ही। जब बातचीत पूरी करके उठा तो दिन रीता-रीता सा गुजरा महसूस हुआ। काम पूरा होने की खुशी नहीं थी। सना की सच्चाई के बोझ तले वहाँ से निकला। बाहर की गन्दगी अब महसूस नहीं हो रही थी। इनसानी दिमागों की गन्दगी के सामने ये कचरा कुछ था भी नहीं। खुली हवा में साँस लेकर भी सना का चेहरा याद आने पर घुटन महसूस होती रही।

सब कुछ कहाँ चुकता है!

आभार मानकर ही किसी के उपकार का ऋण चुका सकता तो कितना अच्छा होता! मैं जिनका भी आभार प्रकट करूँ, शब्द उकेरने और गढ़ने में जो उपकार मेरे मित्रों ने किए हैं, वे शब्द ही मुझे कभी उऋण होने नहीं देंगे। यहाँ तो बस एक फर्ज अदायगी है।

सबसे पहले इन बालाओं का आभार, जो सामने आईं। वे अपनी दुनिया का दर्द बाँटने के लिए जब बात करतीं, क्षण-क्षण मृत्युपाश उन्हें जकड़ता, पल-पल नया रुदन उभरता। इन जीवन्त शवों के करीब जाना, उनसे मिलना, उनसे गुफ्तगू बड़ा दुरूह था। कमोबेश हर लड़की की आँखों में नमी छोड़कर ही उठा। उन्हें किसने - कितने जख्म दिए, यह नहीं जानना चाहता। वे जख्म मैंने नए सिरे से कुरेद दिए, यह अपराधबोध मुझे हैरान किए जाता था।

आभार मेरे उन मित्रों का जिनकी वजह से आज तक मैं इन लड़कियों के करीब पहुँचा, बहुतों के नाम स्मृति से धुँधले हो चुके; किसने, कब, किन हालात में किस लड़की से मिलाया था। उन सभी को प्रणाम और आभार सबसे पहले है।

अब आभार के हकदार वे मित्र पत्रकार हैं, जिनके साथ यह शब्दकर्म सम्भव हुआ। वे हैं पंकज गुप्ता और नदीम कपूर, जिन्होंने सना तक पहुँचाने और यह हिस्सा पूरा करवाने में साथ दिया। शर्वरी की कहानी के लिए एमआई खान और कमलेश वैष्णव का साथ रहा।

भाइयों उदयन और कात्यायन का विशेष आभार प्रकट करूँगा क्योंकि हर कृति के पहले पाठक वे ही हैं। वे ही मेरे पहले आलोचक हैं। प्रूफरीडर हैं। समीक्षक हैं। सुधारक हैं। उनके कारण सुधार सम्भव होता है। लेखन सतत चलने वाली प्रक्रिया है और उसमें परिवार का सहयोग न मिले तो शब्दकर्म असम्भव है। इस हेतु उनका भी आभार।

सबसे अधिक मैं शर्वरी सोनावणे का आभारी रहूँगा। यह लड़की है, जो एक मकसद लेकर सामने आई। गर्म गोश्त की मंडी के सौदागरों के खिलाफ उसने

रणभेरी बजाई और युद्ध हेतु रणचंडी बनकर उतरी। वह जीती या हारी, यह मुद्दा नहीं है। बात तो एक लड़ाई छेड़ने की है। वह उसने लड़ी। बाकी सारी की सारी बारबालाएँ भी जिन्दगी की हारी हुई जंग लड़ती रही हैं। उनके लिए भी मेरे मन में असीम श्रद्धा है। शर्वरी के लिए लेकिन मेरे मन में अलग ही मुकाम है। बतौर स्त्री ये बारबालाएँ समाज के कुत्सित बुद्धि वाले लोगों के आनन्द का जरिया बनती हैं। बावजूद इसके जो जद्दोजहद वे करती हैं, तो इस भावना को सलाम करना ही होगा।

बारबालाओं की दुनिया में कोई नई लड़की कभी न जाए, यही कामना है। आमीन!

❂❂❂

ISBN : 978-81-267-2767-4 ₹ 125

ISBN : 978-81-267-2837-4 ₹ 99

ISBN : 978-81-267-2691-2 ₹ 200

सार्थक

राजकमल प्रकाशन का उपक्रम

पेश करता है
युवामिज़ाज़ पाठकों के लिए

ISBN : 978-81-267-2786-5 ₹ 125

ISBN : 978-81-267-2694-3 ₹ 150

ISBN : 978-81-267-2793-3 ₹ 150

ISBN : 978-81-267-2792-6 ₹ 150

ISBN : 978-81-267-2794-0 ₹ 150